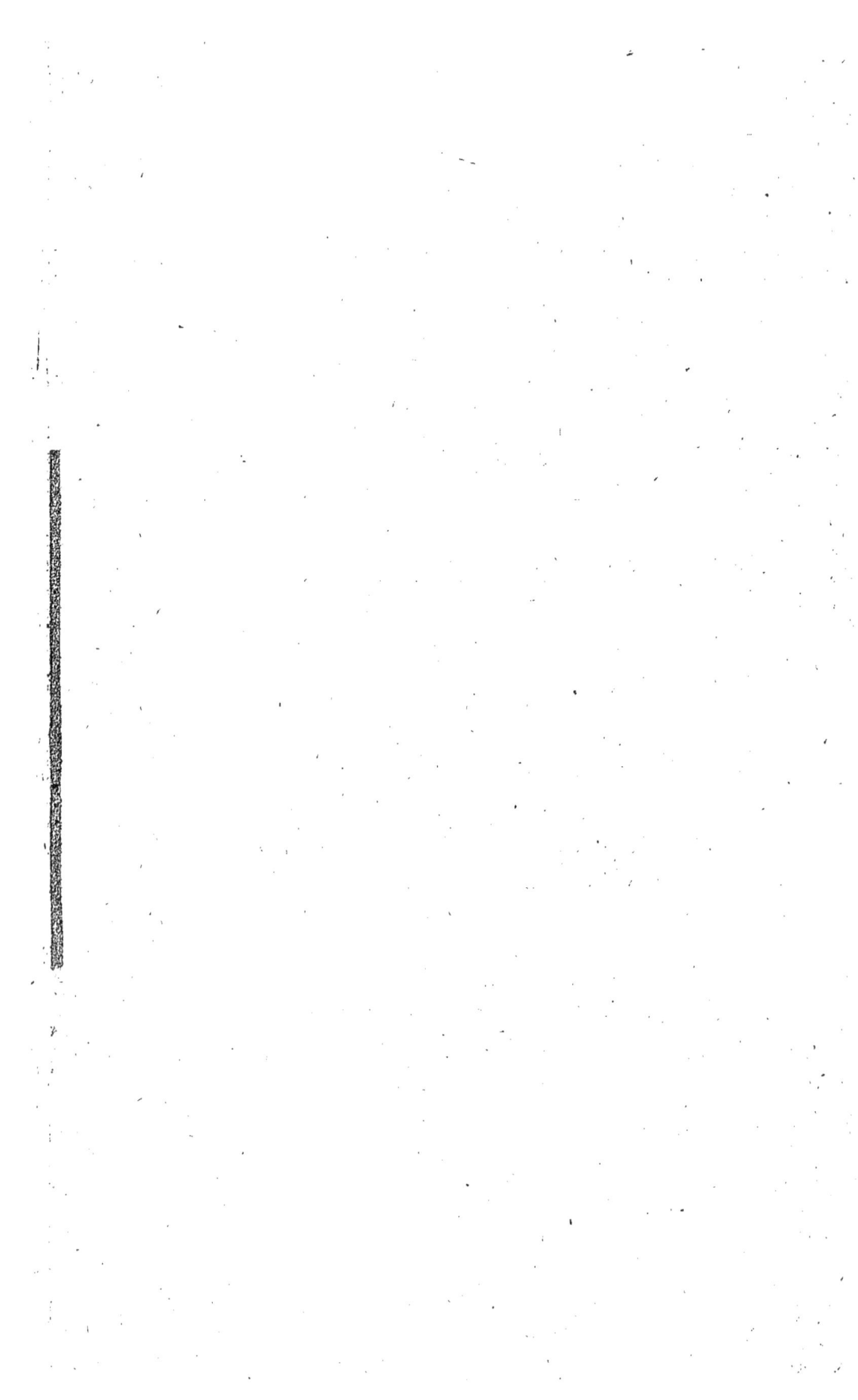

RELIGION ET POLITIQUE

EXAMEN

DU

QUATRIÈME POINT

DE GARANTIE

PARIS. — TYP. DE PILLET FILS AINÉ, RUE DES GRANDS-AUGUSTINS, 5.

RELIGION ET POLITIQUE

EXAMEN

DU

QUATRIÈME POINT

DE GARANTIE

PAR G. A. MANO

PARIS

AMYOT, LIBRAIRE-ÉDITEUR

8, RUE DE LA PAIX.

1856

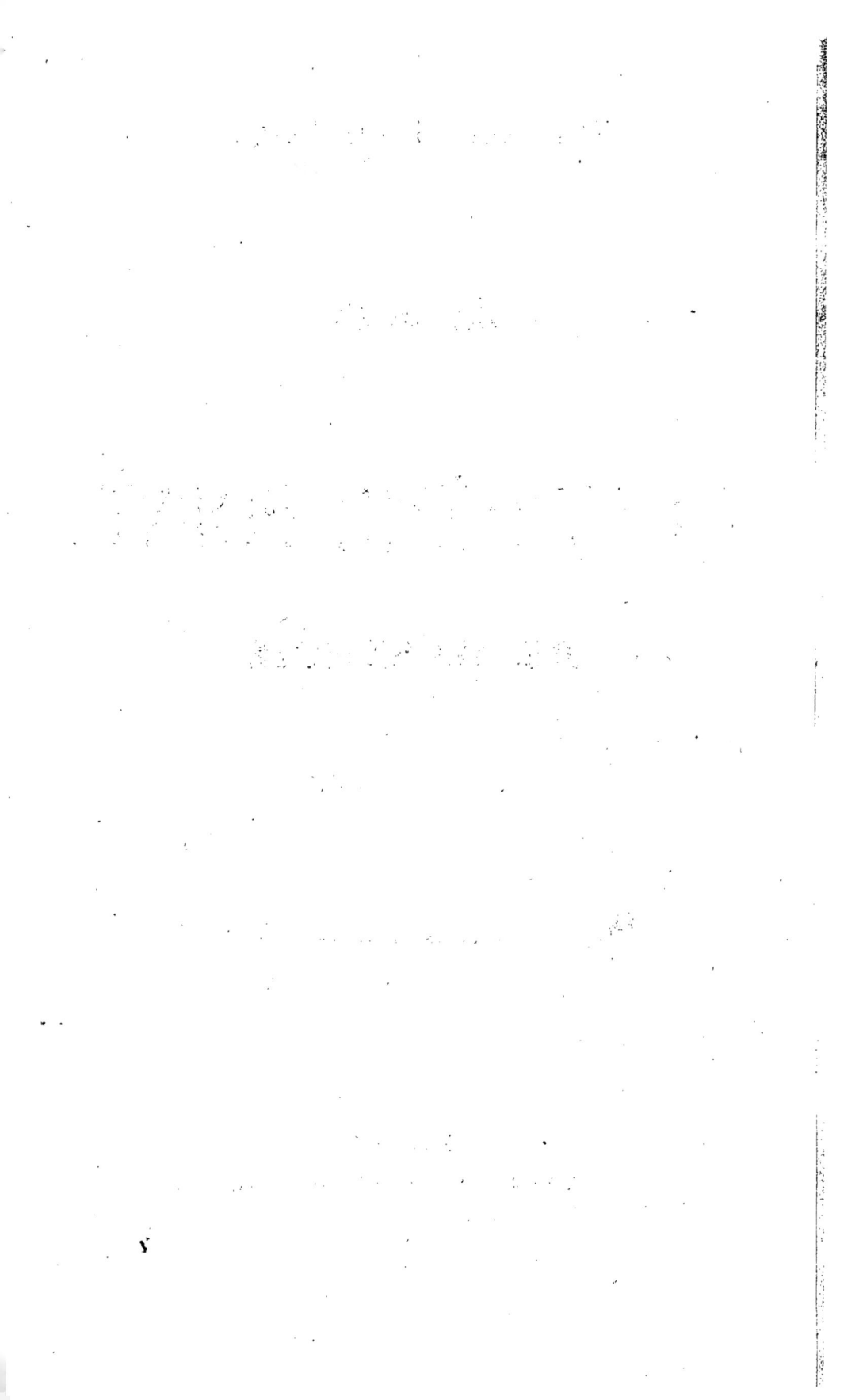

RELIGION ET POLITIQUE

EXAMEN

DU

4ᴱ POINT DE GARANTIE

CHAPITRE PREMIER

GRANDEUR DE LA QUESTION D'ORIENT. — SON ASPECT RE-
LIGIEUX. — IMPORTANCE DU QUATRIÈME POINT DE GA-
RANTIE.

Dans un de ces mouvements d'ironie désespérée
qui saisissent quelquefois l'historien penché sur les
annales de l'humanité, Voltaire s'écrie : « L'univers
est une vaste scène de brigandages abandonnée à la
fortune (1). » A moins que cette boutade soit uniquement une protestation de la raison vaincue avouant sa

(1) *Essai sur les mœurs et l'esprit des nations.*

défaite dans un sarcasme; à moins que Dieu n'ait pas
sa loi gravée dans le cœur de l'homme comme elle
est gravée dans l'ordre de la nature; à moins que la
sainte justice soit un mythe, et que Voltaire ait encore le droit en ce siècle de rire au fond de son tombeau, il est temps de se demander, de l'occident à
l'orient, du nord au midi de l'Europe, les causes po-
sitives de la guerre actuelle, et de rechercher en dehors des solutions guerrières, trop souvent, en effet,
« abandonnées à la fortune, » les moyens de conclure
une paix durable.

Maintenant que le sang a cessé de couler, on comprend, en présence des vastes intérêts qu'il faut bien
régler aujourd'hui, que la question d'Orient était plus
diplomatique que militaire, plus etnographique et
religieuse que politique.

Tandis que les ossements de tant d'héroïques sol-
dats achèvent de blanchir sur les champs de bataille, les diplomates vont s'asseoir autour des tapis
verts des congrès. Dans le silence des nations épuisées, la voix de la raison va s'élever. Les chrétiens
d'Orient tournent leurs yeux vers la France, parce
que la France peut se présenter dans ces délibérations le front haut, et sans qu'un seul nuage dans le
passé obscurcisse son rayonnement; parce que, si la

France est entrée un peu légèrement peut-être, et tout à fait désarmée d'informations dans ces débats religieux de l'Orient, elle y est du moins entrée avec ses grandes allures chevaleresques, avec cet amour de la justice qui lui a fait tant de fois porter l'épée là où il y avait une cause légitime à défendre, des faibles à protéger.

Or, il faut qu'en ce jour, où l'esprit des nations est appelé à dénouer ce que l'épée n'a pu trancher, il faut que la France, parce qu'elle est la plus désintéressée, soit à la table des futures conférences la première par la force d'informations, comme elle a été la première par sa valeur militaire à l'assaut de Sébastopol. Et c'est pourquoi nous, chrétiens d'Orient, nous qui savons ce désintéressement, nous qui avons foi dans cette valeur militaire et dans ce génie de la France, nous plaçons en elle notre espoir et nous lui apportons, dans cet inextricable et ténébreux labyrinthe de la politique orientale, où son propre avenir est peut-être engagé, le tribut de nos lumières et de notre antique expérience.

Oui, la question d'Orient entraîne les destinées de la France, celles de l'Europe entière. Depuis que l'humanité peut se contempler dans le passé, en remontant jusqu'aux pages les plus reculées de sa propre légende jusqu'aux sources les plus lointaines de ses grands courants politiques et religieux, c'est toujours vers l'Orient qu'elle se tourne. Chaque race, chaque culte, chaque nation, en Europe, en Asie, en Afrique, tous les éléments du vieux monde tiennent au cœur de l'Orient par des liens mystérieux, qu'on pourrait presque prendre pour une des lois politiques du globe.

C'est à cause de ces liens que la question d'Orient a toujours été, sera peut-être toujours la *question mère*. C'est parce que les nations y trempent, non-seulement par leurs intérêts politiques, mais encore par leurs intérets religieux, qu'elle est doublement politique. C'est un foyer où viennent, depuis l'aurore de la civilisation moderne, converger tous les rayons intellectuels de l'ancien continent. Schismes, croisades, invasions, ont eu l'Orient pour théâtre. Les races sont venues s'y entre-choquer et en ont fait un champ de bataille.

Aussi l'Orient, vous dit-on, est un vaste cimetière peuplé de ruines et de tombeaux. Ne pourrait-on pas ajouter qu'il est en même temps le foyer palingénésiaque des nationalités, et que de ses cendres renaît sans cesse le principe même de la vie des peuples?

Que demain l'isthme de Suez ouvre son flanc aux eaux de la mer Rouge et de la Méditerranée, vous verrez l'Orient encore, dans ces questions économiques qui semblent être l'élément vital de l'Occident au dix-neuvième siècle, redevenir, comme au temps de l'empire romain, ou comme au temps des croisades, le centre des plus vifs intérêts de l'Europe, de l'Asie et de l'Afrique elle-même.

Ces motifs suprêmes, dont la sphère appartient plutôt peut-être à la philosophie de l'histoire qu'à la politique même, ne sont pas déplacés ici. Ils nous prouvent qu'à toutes les époques, l'Europe n'a eu de repos durable qu'après avoir réglé cette éternelle question d'Orient dans les divers aspects sous lesquels elle s'est offerte.

Ce n'est donc pas trop de la raison politique la plus élevée, du sentiment religieux le plus œcuménique, pour la résoudre sous la forme complexe qu'elle revêt aujourd'hui.

De quoi s'agit-il, en effet? De maintenir, d'une part, l'intégrité de l'empire ottoman, afin d'opposer une barrière au débordement de la Russie; d'autre part, d'émanciper les chrétiens d'Orient, dont la condition est à la fois une honte pour la chrétienté et un prétexte permanent aux prétentions de la Russie, aux menées de la diplomatie autrichienne. Mais comment, dira-t-on, maintenir l'intégrité de

l'empire ottoman en accordant des droits politiques
à quinze millions de chrétiens parmi lesquels fer-
mente un si puissant levain de nationalité ? N'est-il
pas évident que la Grèce a été violemment scindée en
1827, et qu'elle tend à reconstituer son unité ? Et
comment émanciper les chrétiens d'Orient sans affaiblir l'autorité de l'islam, sans, par conséquent, briser
cette digue que les puissances occidentales veulent
élever contre la Russie ?

Indiquer ces moyens, fixer, s'il se peut, l'opinion
sur ce qu'il faut entendre par l'intégrité de l'empire
ottoman, tel est précisément le but de cet examen.
Comme on vient de le voir, il y a là deux problèmes,
tous deux inconciliables en apparence. A nos yeux,
cependant, ils ne peuvent être résolus que l'un par
l'autre. Cette vérité découlera, nous l'espérons, de ces
pages.

Au surplus, lorsqu'on voit le sultan Abdul-Medgid
accepter de l'empereur des Français la grand'croix
de la Légion d'honneur, on peut en tirer cette conclusion que tout est possible aujourd'hui en Orient.
Non, l'Orient n'est pas mort; l'Orient renaît. L'Autriche a été plus près de sa perte en 1848, que la Turquie ne l'est aujourd'hui de la sienne. Or, l'Autriche
est, à cette heure, presque insolente de prospérité.

L'empire ottoman récèle, nous le répétons, des éléments de nationalités qui permettent de changer leur
condition de sujets en celle d'alliés naturels. C'est
faire honte au Turc que de le comparer à ces sau-
vages qui meurent de civilisation; c'est trahir un esprit de malveillance calculé. Aussi, est-ce parce que
nous pensons que le secours matériel des puissances
occidentales serait impuissant à maintenir la Turquie,
que, selon nous, il lui importe d'autant plus d'entrer
dans les véritables voies de la civilisation européenne.

Oui, la force matérielle sera impuissante. Après
s'être battu, il faudra bien qu'on s'explique. On dé-
couvrira peut-être alors que la solution de la question d'Orient gît dans ce quatrième point de garantie resté indiscuté aux conférences de Vienne.
L'industrialisme, en effet, avait pu faire croire à la
mort des opinions religieuses ; mais alors même que la
religion serait morte dans le cœur des politiques,
comme elle ne meurt pas dans le cœur des masses, les
politiques seraient bien obligés d'en faire au moins le
prétexte de leurs querelles guerrières et le masque de
leurs ambitions.

L'idée religieuse remue encore le monde. C'est bon
gré mal gré pour une question religieuse qu'on vient
de se battre en plein dix-neuvième siècle, le siècle des

sceptiques et des agioteurs. Aussi, lorsqu'un diplomate éminent vient nous dire qu'une lutte constitutionnelle entre les whigs et les torys, une question de portefeuille, ou une grosse opération commerciale en Angleterre, entraînent les destinées du monde, nous ne croyons pas plus à M. le comte de Ficquelmont qu'à Voltaire (1).

Le jour approche donc où ce quatrième point de garantie, resté pour l'Occident l'arcane des affaires d'Orient, va être sérieusement mis en discussion. La réglementation des intérêts religieux doit précéder les intérêts de races, d'idiomes et de nationalités, ou du moins marcher de front avec eux. Signer un traité de paix sans avoir donné satisfaction à toutes ces souffrances, c'est laisser derrière soi le germe de futures batailles, c'est perdre les véritables fruits de la victoire, le prix du sang versé.

Dans la prévision de ces prochains débats, nous avons entrepris de dissiper les nuages amoncelés par la controverse politique sur le côté religieux de la question d'Orient. L'Autriche a fait silence, de parti pris. La Russie n'a pas compris et a été en avant. Quant à la France, selon l'expression d'un diplomate

(1) *Du Côté religieux de la question d'Orient*, par M. le comte de Ficquelmont.

distingué, « il n'y a pas au département des affaires étrangères à Paris, ni dans la carrière du dehors, un seul employé français qui puisse dire en quoi ce que le prince Menzikoff demande diffère de ce que le sultan accorde. »

La compétition en matière de prépondérance et de protectorats religieux augmente encore l'épaisseur des ténèbres. Rome, le protestantisme, l'orthodoxie et l'islam lui-même se rencontrent sur le terrain de la propagande, parmi ces chrétiens d'Orient qu'il suffirait d'émanciper pour mettre fin à tant d'intrigues où l'ignorance des faits le dispute à l'ambition dissimulée sous le masque de la foi.

Dès le début de ces complications, bien des fautes ont été commises de part et d'autre. Les signaler sans amertume et avec un sérieux esprit de conciliation, ce sera éclairer du même coup le passé et l'avenir. Mais pour signaler ces fautes, pour les faire comprendre et en éviter le retour, il importe avant tout de faire connaître au lecteur de l'Occident, au lecteur français surtout, qui paye de son or et de sa personne, de ses talents et de sa fortune, dans ce gigantesque conflit, ce qu'est la condition des chrétiens d'Orient dans l'empire ottoman, ce qu'elle fut dans le passé, ce qu'elle est devenue à l'heure où nous parlons, et par quels motifs les destinées de ces quinze millions de sentinelles perdues placées sur les premiers boulevards de la chrétienté forment le nœud gordien de la paix européenne.

Il faut pour cela remonter aux premières capitulations du vainqueur et du vaincu, du Turc conquérant et du chrétien conquis. — Religion et politique.

CHAPITRE II

La diplomatie n'a pas oublié l'espèce de sommation faite en février 1853 par le prince Menzikoff au sultan. Le Grand Seigneur fut vivement pressé d'accorder aux orthodoxes la consécration et la conservation des priviléges religieux dont ils jouissent *ab antiquo*. Nous aurons lieu de voir plus loin comment cet *ab antiquo* se changea singulièrement en *statu quo*. Il nous suffit actuellement de constater que c'est depuis cette mémorable mission que la présentation des patriarches au sultan, interrompue depuis deux siècles, est rentrée dans le cérémonial de la Porte.

Pour bien connaître ces immunités et ces priviléges qui formaient la base des relations sociales et des conditions d'existence des chrétiens d'Orient dans l'empire ottoman, c'est en effet jusqu'aux temps anciens qu'il faut remonter.

Nous n'avons pas à parler ici des circonstances qui engendrèrent le schisme et la division de l'empire romain. Nous rappellerons seulement que l'Eglise grecque, ne reconnaissant point la suprématie du souverain Pontife, dut néanmoins constituer une autorité religieuse qui, sans personnifier le pouvoir spirituel, eût force d'institution et devînt gardienne et conservatrice du rit réglé par les sept conciles œcuméniques.

Telle fut l'origine du saint synode. Le patriarche de Constantinople, entouré de métropolitains, d'archevêques, d'évêques, formait cette assemblée religieuse qui n'avait sur le rit ni droit de modification, ni même faculté d'interprétation.

Jusqu'ici le saint synode ne représente que la société religieuse dans l'empire d'Orient. Nous allons voir ce qu'il va devenir par le fait de la chute de l'empire et de la conquête.

Lorsque cet événement qui modifia si profondément les destinées de l'Europe arriva, la chrétienté n'en comprit peut-être pas bien toute l'importance. Elle n'était d'ailleurs ni préparée à une guerre de religion, ni matériellement en mesure de la soutenir. L'esprit des croisades n'animait plus ni les rois, ni les peuples. Le moyen âge expirait, et le souffle de la renaissance attiédissait déjà les âmes des générations nouvelles. Jadis ces hommes de fer comme leurs armures, faits pour la guerre et pour la foi, se fussent d'un commun accord portés au secours de la croix menacée. Mais le temps des héros du Tasse était passé. En 1453, l'Italie déjà en guerre, l'Espagne luttant elle-même contre les musulmans, la France et l'Angleterre épuisées, l'une par la guerre civile, l'autre par la division, ne pouvaient rien pour Constantinople assiégée.

L'Allemagne sentit plus vivement le choc. Elle comprenait que si les Turcs devaient *camper* en Europe, ils lui passeraient d'abord sur la poitrine. Vienne en a depuis su quelque chose. Mais que pouvait alors l'Allemagne avec les défaillances de son gouvernement?

Rien n'effraye les imaginations populaires comme les grandes migrations barbares. C'est à cette époque que se répandit parmi les classes naïves la peur du *Turc*. Les mères en menacèrent longtemps les petits enfants, de même que les matrones autrichiennes effrayent encore aujourd'hui leurs nourrissons en appelant le *Suédois*.

Selon Démétrius Cantemir, le siége de Constantinople dura quarante-neuf jours. Ce fait prouverait que la résistance fut sérieuse, quoi qu'en aient dit certains historiens. Ce qui tendrait à le confirmer, c'est l'estime et la considération avec lesquelles le sultan Mahomet II traita les vaincus. Ce prince, doué d'un vrai sens politique, et se rendant compte de toute la grandeur de son œuvre, comprit que pour asseoir sur le terrain de l'Europe les bases de l'empire ottoman, il fallait quelque chose de plus que la conquête, il fallait une tolérance aussi proche de l'assimilation que le permettait le génie exclusif de l'islam. Il semblait que ce barbare, en quelque sorte effrayé de son audace, s'arrêtât avec une sorte de respect devant le tableau des civilisations occidentales, et qu'il cherchât à s'inspirer de la politique des Romains dans les Gaules pour conserver les fruits de sa victoire.

Mais l'homme qui, pour apaiser une émeute de janissaires, tranchait la tête de l'impératrice Irène, veuve d'Amurat, pouvait avoir une pensée politique, mais non une véritable pensée sociale. Amurat, le monarque savant et philosophe, qui deux fois renonce volontairement au trône, Amurat, qui épouse une princesse grecque de la dynastie des Cantacuzène, représente bien mieux que Mahomet II cette Turquie de l'avenir qui, sous le sultan Abdul-Medgid, est devenue l'alliée des puissances occidentales. Quant à cette belle Irène, immolée aux janissaires, on peut voir dans cette tête charmante, empreinte des grâces épurées d'une civilisation mère, un symbole de Bysance décapitée, elle aussi, sous le cimeterre musulman.

Quoi qu'il en soit, Mahomet II poussa vis-à-vis des chrétiens l'habileté politique jusqu'à prendre le rôle de protecteur plutôt que celui de vainqueur. De même qu'il avait épargné la ville après l'assaut, parce qu'il la regardait comme un bien dont il allait jouir, il manifesta la volonté de maintenir les institutions du pays. C'est ainsi qu'il rassura les fugitifs, encouragea la reprise des affaires, rappela les archontes (1) et procéda, en remplacement du patriarche Athanase, démissionnaire depuis le concile de Florence, à l'investiture d'un nouveau patriarche *élu suivant les anciens usages.*

Le choix des chrétiens se porta sur un grec du nom de Gennadius. Selon Voltaire et M. Villemain,

_____

(1) Hammer, historien autrichien, pour atténuer les droits accordés par Mahomet aux chrétiens, prétend à tort que cette proclamation ne s'adressait qu'aux Péloponésiens.

Gennadius, en 1439, au concile de Florence, s'était le plus énergiquement opposé à la réunion des deux églises. On attribue à cette attitude son élévation au patriarcat. Nous ignorons sur quelle autorité se fonde une telle opinion historique, Gennadius, secrétaire de Paléologue, n'ayant pas eu voix délibérative. Le rôle qu'elle prête à Gennadius appartient notoirement à Marc d'Éphèse, qui, abusant d'une popularité due à son fanatisme, fit à son retour trembler le conciliant empereur Paléologue et le contraignit à subir son opinion.

La plus légère erreur historique a son importance ici, car elle peut être le résultat d'un parti pris antérieur, soit contre l'église grecque en général, soit contre l'institution du saint synode sur lequel allait bientôt reposer l'existence civile des populations vaincues.

Les historiens chrétiens cités par Hammer sont d'accord sur le cérémonial qui fut observé à l'investiture du nouveau patriarche. Il ne s'écarta point des anciennes coutumes telles qu'elles sont décrites dans ces historiens grecs à qui nous empruntons la description suivante :

« Le nouveau patriarche, monté sur un cheval des « écuries impériales, richement enharnaché et couvert

« d'une housse blanche, se rendait du palais au pa-
« triarcat, où les archiprêtres lui prêtaient serment.
« Là, l'empereur, assis sur son trône, autour duquel
« était rangé tout le sénat, la tête découverte, lui
« remettait une crosse enrichie de perles et de pierres
« précieuses. Le premier aumônier de la cour bénis-
« sait l'assemblée, le grand *domesticos* entonnait les
« hymnes et le *Gloria*, et le *lampadarios* (ou porte-
« cierge), le chœur : *Agios, agios !* Les chants une fois
« terminés, l'empereur se levait, tenant dans ses
« mains le sceptre, et ayant à ses côtés le *protopope* et
« le *métropolitain d'Héraclée*, le premier à sa droite,
« le second à sa gauche ; le nouvel élu s'inclinait trois
« fois profondément devant toute l'assemblée et se
« prosternait aux pieds de l'empereur ; celui-ci, éten-
« dant alors son sceptre sur sa tête, prononçait ces
« mots : *la sainte Trinité qui m'a donné l'empire,*
« *t'investit du patriarcat de la nouvelle Rome !* »

Il va sans dire que le mot *sainte Trinité* ne fut pas
prononcé, mais sauf les points relatifs au fond même
de la foi chrétienne, on n'omit rien de l'ancien cérémonial. Mahomet II voulait que Constantinople vaincue pût encore se croire au temps de ses empereurs.
Un fait significatif suivit l'investiture. A la fin d'un
repas splendide que le sultan offrit à Gennadius, il lui

donna un sceptre, en lui disant : « Soyez patriarche
et que le Ciel vous protége ! Usez de mon amitié en
toute circonstance, jouissez de tous les droits et de
tous les priviléges dont ont joui vos prédécesseurs. »

Ce sceptre, remis aux mains de Gennadius, en sa
qualité de patriarche, était le symbole de la transformation du saint synode dans ses rapports avec les
Romaïoi, en turc *Roums*, appellation bysantine de
la population grecque, qui prouve à quel point Constantinople put croire qu'elle avait absorbé la civilisation romaine. Le saint synode devenait par ce fait
puissance religieuse et civile. Son autorité, purement
arbitrale sous l'empire, allait devenir une juridiction
effective. Mahomet II avait en quelque sorte détaché
du faisceau de son autorité de vainqueur et de sultan
une parcelle de pouvoir en ce qui concernait ses nouveaux sujets. Cette parcelle d'autorité, c'était son droit
de juridiction civile sur les Romaïoi. Et dans l'intérêt
même des vaincus, lui, musulman et prince du quin-
zième siècle, il ne croyait pouvoir la confier à de
meilleures mains que celles en qui reposait déjà le
faisceau de l'autorité religieuse de la nation grecque.
Ce genre de transactions a un nom en politique; il
s'appelle capitulation.

La question n'est pas de savoir si Mahomet II, en

agissant ainsi, créait un État dans l'État et léguait au nouvel empire des problèmes insolubles. Ce qu'il importe, c'est d'établir nettement les faits accomplis, d'avancer d'un pas sûr vers les événements contemporains et de ne laisser en arrière rien qui puisse donner prise à de fausses interprétations et permettre à ceux qui ont intérêt à faire la nuit d'exercer leur talent.

Le reste de la chronique de cette double inauguration du règne des sultans à Constantinople et du nouveau saint synode confirme ce qui précède. Mahomet II reconduisit Gennadius jusque dans la cour du palais. D'après ses ordres, les visirs, pachas et hauts dignitaires, montés sur les plus beaux chevaux du sultan, accompagnèrent le nouveau patriarche jusqu'à l'église des Saints-Apôtres, désignée pour siége synodal (1).

A peine installé dans le vaste palais affecté à sa résidence, le nouveau patriarche reçut de la part du sultan un diplôme qui déclarait, dans les termes suivants, sa personne inviolable.

« Que nul n'attente à la personne du patriarche;
« qu'il ne soit inquiété par qui que ce soit, et que

---

(1) Cette église est devenue depuis la mosquée du sultan Achmet sur l'hippodrome. Dès les premiers jours de la prise de Constantinople, Sainte-Sophie avait été transformée en mosquée.

« lui et les archiprêtres, ses suffragants, soient
« pour toujours exempts de toutes charges publi-
« ques. »

Le même diplôme assure aux *Romaïoi* ou *Roums*
les priviléges suivants : « Leurs églises ne pourront
« être changées en mosquées; leurs mariages, leurs
« enterrements et tous leurs autres usages seront main-
« tenus, d'après les rits et les principes de l'Église
« orthodoxe ; enfin, les fêtes de Pâques continueront
« à être célébrées, et à cet effet, les portes du Phanar,
« c'est-à-dire du quartier grec, resteront ouvertes
« pendant huit nuits, etc. »

Dans cette cérémonie, destinée à frapper fortement
les imaginations, les pompes byzantines s'unirent aux
magnificences de l'Asie. Par un double sentiment politique et religieux que faisait naître un tel spectacle,
le Turc vainqueur devait apprendre à respecter le
Romaïoi conquis, et celui-ci, rassuré dans sa foi religieuse et son existence civile, accepter avec confiance
la domination musulmane. On peut se faire une idée
de ce fragment détaché du tableau des anciens jours,
en assistant aux solennités pontificales de l'Église
grecque à Constantinople. Le patriarche s'achemine
encore aujourd'hui vers le même trône qu'occupait
saint Jean Chrysostome, entouré d'un cortége impo-

sant et portant sur sa tête la couronne impériale, surmontée de l'aigle bicéphale.

Des pamphlétaires, que ce grand conflit d'intérêts soulevé par la guerre amène dans le courant des affaires publiques, comme la tempête entraîne le limon du lit des fleuves, des gens dont le nom est étranger à la politique et aux lettres, et sert de masque à des notabilités qui se cachent (probablement parce qu'elles font mal), ont prévu l'importance future de ce quatrième point de garantie, laissé dans l'ombre. Intéressés sans doute à envenimer ou à obscurcir la question, ces instigateurs cherchent à l'empoisonner jusque dans sa source. Ils prétendent que Gennadius, secrétaire de Paléologue, puis professeur et pope, fut un traître dont Mahomet II se servit pour obtenir la reddition d'une moitié de Bysance, qui tenait encore.

Dans cette hypothèse, est-il possible que, la ville prise, Mahomet II eût tenu toutes ses promesses vis-à-vis des chrétiens conquis ? Est-il probable qu'il eût investi d'une autorité aussi dangereuse, lui, prince musulman à peine campé sur la terre d'Europe, un traître qui, le lendemain, pouvait, par une trahison nouvelle, utiliser cette double puissance civile et religieuse au profit de complicités extérieures ? N'est-il pas plus vraisemblable, au contraire, qu'il accepta l'élu de la nation vaincue, afin de lui donner une preuve de la loyauté de ses intentions? Politique perspicace, en posant le pied dans Constantinople, il vit la grandeur des Byzantins jusque dans leur défaite, et se rendit compte de leur rôle dans la chrétienté. L'élu des Romaïoi, le patriarche Gennadius, personnifiait dans sa pensée l'universalité des chrétiens. Il traita, au nom de l'islam, avec le chef du saint synode de Constantinople, comme il eût fait avec le christianisme tout entier, sans distinction de secte. Les honneurs extraordinaires rendus à Gennadius s'adressaient au christianisme; les immunités et les priviléges accordés à l'Église grecque devaient servir de prototype aux capitulations futures de l'empire ottoman avec les diverses puissances chrétiennes. Et nous verrons au chapitre suivant, que Mahomet II ne se trompait pas en les pressentant. Il en comprit la nécessité. Il sentit qu'à ce prix seulement l'islam pourrait prendre racine sur la frontière orientale de l'Europe, et de là, peut-être, tenter la conquête du monde.

Sans cette explication, les honneurs, les dignités, les prérogatives, les garanties et les priviléges conférés à Gennadius n'ont plus de sens politique. Ce sens deviendrait plus impossible encore dans la supposition que le patriarcat de Constantinople ne fût que le prix d'une trahison. On solde un traître, si l'on ne juge pas plus à propos de s'en débarrasser ; mais on ne le glorifie pas, et surtout l'on se garde bien de le rendre inviolable.

L'installation du saint synode grec de Constantinople fut donc un fait du plus haut intérêt pour la chrétienté tout entière. Et c'est parce que les instigateurs dont nous parlions plus haut, dans le désir de désaffectionner l'Occident des intérêts des chrétiens d'Orient, poussés peut-être par les partisans de la paix à tout prix, ou par l'ambition d'une autre communion cherchant sa voie dans les ténèbres de la politique, sentent bien que cet intérêt de la chrétienté envers les grecs de l'empire ottoman a aujourd'hui, pour tout chrétien, des raisons nouvelles d'exister. C'est pour ces motifs, dis-je, qu'on s'efforce de ruiner leur caractère, leurs mœurs et leurs institutions dans l'esprit des puissances occidentales.

Le patriarche Gennadius, au lieu de se trouver à la hauteur morale du rôle immense que la Providence lui confiait, n'eût-il été qu'un misérable traître qui, après avoir vendu sa patrie, songeait seulement à se concerter avec le vainqueur pour exploiter le vaincu, l'institution du saint synode avec ses priviléges, ses immunités, sa juridiction religieuse et civile, n'en restait pas moins debout. Or, à moins de supposer que depuis Gennadius jusqu'à Mgr Anthymos, nonseulement tous les patriarches, mais encore tous les grands logothètes, tous les évêques et archevêques métropolitains n'aient été qu'une longue succession de concussionnaires, d'impies, de brigands dignes des bagnes et des derniers supplices, l'institution aurait eu son jour d'application véritable. Nous connaissons cette théorie, qui consiste à représenter tous les hommes que leur science, leur talent ou le hasard placent à la tête de leurs semblables, prêtres, princes, gouvernants quelconques, comme les vampires du peuple. Mais jusqu'à présent ce toxique n'avait cours que dans la démagogie. Il y a lieu de s'étonner de l'application spéciale qu'on prétend en faire aux diplomaties et à l'opinion publique en Occident, contre les chefs du clergé grec de l'empire ottoman.

Mais, en descendant sur le terrain de ces malsaines hypothèses, l'institution du saint synode n'en resterait pas moins debout. Il importe donc d'examiner ce qu'elle fut, ce qu'elle devint, et quelle peut être sa mission, aujourd'hui que l'inévitable quatrième point de garantie surgit des complications mêmes de la guerre expirante, et de la difficulté de les résoudre par la force.

Dans ces premières pages, consacrées à l'examen du passé, nous ne l'envisagerons qu'au point de vue historique. Le saint synode, tel qu'il sortit des capitulations de Mahomet II et des Bysantins, avait pour chef, comme on l'a vu, un patriarche élu par la nation grecque. Celui-ci était assisté de douze évêques ou archevêques métropolitains, portant celui d'*Egritoi*, qui correspond à celui d'éminents dont sont revêtus les princes de l'Église romaine. Les membres laïques du saint synode clérical, avaient pour chef le grand logothète. Ces laïques y exerçaient les mêmes charges qu'auprès de l'ancienne cour de Bysance, dont elle était devenue, par le fait de la conquête et des capitulations, la personnification dernière. Aussi retrouvait-on là toute l'antique hiérarchie théocratique des anciens jours, les *lampadarios*, les *schevophilax*, etc., etc. Le saint synode était, en un mot, l'empire grec dégénéré en institution religieuse et civile, mais en même temps le lien national des *romaïoi*.

Nous verrons plus tard que si ses immunités et priviléges ont pu être atteints, son rôle vis-à-vis des Romaïoi, ou pour mieux dire des chrétiens d'Orient, est resté le même. Si les uns ont manqué d'esprit de concorde, et l'autre à sa mission, l'institution est restée, dans son essence, propre à resserrer ce double

lien religieux et national, dès que la chrétienté en général, et les chrétiens d'Orient en particulier, en sen-
tiront la commune nécessité.

Ces priviléges et immunités accordés aux Romaïoi,
cette juridiction civile et judiciaire conférés au patriarche par Mahomet II, s'étendaient de fait sur tous
les sujets orthodoxes du territoire conquis. Le saint synode comprit, dès le début de sa constitution nouvelle, le double caractère de sa mission. Dans le grand
naufrage de l'empire, il devint, pour ainsi parler, le
radeau qui recueille les plus chères épaves répandues
sur l'abîme. Il s'efforça de ressaisir, non-seulement
les choses sacrées de la foi, mais encore l'antique faisceau de l'unité nationale. Il comprit que rien n'est
perdu, tant qu'un peuple conserve dans le tabernacle
de son cœur ce double trésor. Un régiment n'est pas
mort tant qu'il a son drapeau. Ceux-là seuls sont vaincus qui ne croient plus ni à leur Dieu, ni à leur patrie.
Mais, si courbé que soit un peuple sous le joug du
maître, pourvu qu'il ait, comme la vestale, conservé
l'étincelle divine, il peut être certain qu'un jour viendra où il lui sera permis de rallumer toutes les lampes
du temple, tous les feux de l'autel de la patrie !

Le saint synode, reconstituant dans sa pensée l'empire détruit, employa les moyens dont il disposait pour

maintenir intellectuellement l'ancienne circonscription bysantine. Il multiplia les chaires et les écoles, et fit fleurir le dogme orthodoxe en même temps qu'il conservait la langue grecque. Les successeurs de Gennadius couvrirent l'empire, l'Albanie, la Bulgarie, une partie même de l'Asie, de colonies grecques. On sait ce que furent Cydonie et Bergame, Ephèse, Turnavo, Moschopolis, Ambelakia, Philippopolis crées en vue d'un même plan.

Bysance, avant la conquête, exerçait bien au delà de ses frontières, sur les populations orthodoxes, cette influence qui naît d'un centre où viennent converger un vaste rayonnement d'idées politiques, morales et religieuses, des sentiments et des intérêts de toute sorte. Le saint synode n'abandonna pas plus ce gouvernement des âmes, que cette pensée d'unité nationale qui survivait en lui à l'empire détruit. Or, on peut juger des vastes perspectives qu'embrassait encore ce fantôme de Bysance errant à travers Stamboul, et rappelant aux chrétiens d'Orient la foi et la patrie, lorsqu'on songe que les préoccupations de ce spectre de l'État vaincu, survivant dans l'État vainqueur, devaient planer sur le Monténégro, l'Illyrie, les îles Ioniennes, l'Épire, la Grèce, la Thrace, la Russie au nord, les deux Georgies, l'Imëritie, la Mingrélie,

Smyrne, l'Anatolie et la Syrie, jusqu'à Jérusalem.

C'est dans ces circonscriptions modifiées par le temps que gisent précisément les difficultés de ce quatrième point de garantie qui resta longtemps comme un grain suspendu à l'horizon. La diplomatie chrétienne, nous le verrons, prévit le péril jusqu'au jour où la Russie apparut.

De tout ce qui précède il résulte que Gennadius, traître ou non, transacteur d'une ville qui prolongeait une inutile résistance, ou simple élu du peuple romaïoi, sut, en acceptant la capitulation de Mahomet II, épargner de grands malheurs à sa patrie et conserver l'unité romaïque par la religion et la langue. Plus politique que l'empereur Paléologue, adhérant au concile de Florence, dans le vain espoir de provoquer l'intervention des puissances catholiques, il pressentit une triste vérité dont nous pouvons nous rendre compte aujourd'hui en jetant les yeux sur la Pologne, sur la Hongrie et sur l'Italie; c'est que la papauté se ferait plutôt l'amie des vainqueurs que des vaincus, et ne sauverait jamais une nationalité. Plus bysantin, plus orthodoxe que ce faible empereur, il se souvint des croisades entreprises dans un but pieux et dégénérant en brigandages, dirigées contre le musulman et guerroyant bien avant d'entrer sur le sol des infidèles. Il savait bien aussi que Rome ne cherchait pas en Orient ses prosélytes parmi les sectaires du Coran, mais parmi les chrétiens.

Son œuvre et sa pensée ont survécu. Ce même saint synode, ce même radeau qui recueillit le dépôt de traditions, de culte, de nationalité, de langue de Bysance ensevelie, flotte encore vermoulu, désemparé sans doute, et tout couvert de cadavres comme celui de la *Méduse*, mais portant encore au-dessus des flots le drapeau de l'unité grecque et de la pure ortho-doxie. Il traîne encore son ancre de miséricorde sur ce même point du globe où tant de tempêtes politiques s'accumulent ; il est là comme une bouée de sauvetage pour tous, Français, Anglais, Turcs même, le jour où ces peuples comprendront les véritables destinées du christianisme en Orient.

Elles apparaîtront plus évidentes, plus providen-tielles à mesure que nous avancerons dans cet examen.

CHAPITRE III

Le jour où Mahomet II conçut la pensée de con-
férer au patriarche chef du saint synode une juridiction civile et judiciaire, sans toutefois accorder
aux Romaïoi l'existence politique, il sauva sans doute
pour toujours sa conquête de ces grandes expéditions
religieuses et militaires qui restent le fait capital de
l'histoire du moyen âge en Europe; mais il ouvrit en
même temps les portes de l'empire à tous les tirail-
lements des sectes et des schismes de la chrétienté.

La Turquie, en poussant à l'extrême la politique
de Mahomet II, en divisant l'élément chrétien par sa

facilité à accorder des capitulations d'abord, puis des patriarcats aux Églises rivales de l'Église de Constantinople, a fini par former le tissu de ses propres malheurs. Si l'islam a espéré vaincre le christianisme en permettant ainsi aux puissances chrétiennes de s'ingérer dans les affaires de l'empire ottoman, il s'est pris à son propre piége. Un jour, et sans qu'il soit pour cela besoin de croisades, s'il lui faut quitter le sol européen et se réfugier en Asie, il ne saurait en accuser que sa propre politique.

Rien n'est plus intéressant à observer que cet enchaînement de faits dont le premier anneau remonte aux capitulations accordées par Mahomet à Gennadius, et dont le dernier finit aux complications actuelles. Les esprits enclins à s'étonner de tout et à prendre le présent pour le résultat du hasard ou de l'imprévu, pourront se rendre compte du peu de mobilité de la politique et de l'importance qu'il faut attacher à l'étude des préparations antérieures pour comprendre les faits contemporains.

Dans cette longue perpétration de faits dont la capitulation de 1453 est, comme nous l'avons dit, le prototype, nous aurons à observer divers phénomènes qu'il importe de séparer afin qu'ils s'offrent plus distinctement à l'esprit du lecteur. Nous aurons à exa-

miner : 1º comment la différence de dogme entre
l'Eglise orientale et l'Eglise occidentale engendra une
différence dans les relations des chrétiens orientaux
et occidentaux avec la Porte ; 2º quelle fut dans l'empire ottoman l'attitude particulière de chaque nation
ayant signé des capitulations avec les sultans ; 3º comment ces diverses puissances chrétiennes agirent vis-
à-vis les unes des autres et à l'égard des chrétiens et
du saint synode ; 4º ce que devint la capitulation de
Mahomet II entre les mains de ses successeurs, et
comment on l'interpréta vis-à-vis du saint synode et
des Romaïoi ; 5º de quelle façon les pavillons des
puissances occidentales, destinés d'abord à protéger
les pèlerins et les marchands, couvrirent bientôt des
propagandes religieuses servant de marques aux intérêts politiques, et amenèrent les complications actuelles.

— Religion et politique.

La différence que la diversité de dogmes engendra
dans les rapports des chrétiens de l'Eglise orientale et
ceux de l'Eglise occidentale, vis-à-vis de la Turquie,
ne devait se produire qu'au jour où à côté des Romaïoi vaincus et englobés dans l'empire ottoman,
s'élèverait une puissance orthodoxe indépendante.
Aussi n'est-ce pas l'heure d'en parler. Pierre le Grand

n'a pas encore jeté son épée dans la balance politique de l'équilibre européen.

La plus ancienne alliée de la Porte est la France. La première capitulation de cette puissance avec l'empire ottoman remonte au roi François Ier, qui envoya au sultan un simple capitaine, le capitaine Roland. Un intérêt plus politique que religieux amenait déjà au seizième siècle le pavillon français sur le terrain de Constantinople. C'est un fait à remarquer d'ailleurs que l'esprit des premières capitulations devait bien vite dégénérer sur ce sol bysantin qu'on pourrait nommer le grand point stratégique de la politique continentale. Il s'agit bien, en effet, de questions purement commerciales parmi ces déserts qui mènent au tombeau du Christ, pivôt de la civilisation moderne et à côté duquel s'élève la mosquée, — l'Asie contre l'Europe ! Et comment ce frottement colossal de deux parties du monde, ces mille courants électriques qui viennent avec les rites, les sectes, les dogmes, se heurter à Jérusalem, n'engendreraient-ils pas, en passant par Constantinople, l'étincelle politique qui enflamme les diplomaties et précipite les armées?

La France, hâtons-nous de le dire, lutta longtemps contre cette influence quasi atmosphérique de la terre d'Orient. Il est impossible de ne pas être frappé du sentiment de convenance et de réserve qu'elle apporte sur ce difficile théâtre. Selon une belle expression de M. Saint-Marc Girardin, parlant de l'esprit qui animait les ambassadeurs de Louis XIV en Turquie : « La France n'apportait sur ce terrain que sa puissance et sa bienveillance. » Plus indifférente au dix-huitième siècle en matière religieuse, elle resta là pourtant la même. On peut dire que pendant deux cent cinquante ans elle n'a cessé de rechercher et d'offrir des moyens de réconciliation entre les deux Eglises orientale et occidentale.

C'est à dater de 1815 seulement que l'ambassade française à Constantinople est devenue un instrument entre les mains de la papauté et que les anciennes capitulations soumises à ce dissolvant ont affecté des formes nouvelles.

La France, en sa qualité de plus ancienne alliée des sultans, a longtemps conservé une légitime prédominance dans les intérêts catholiques de l'Orient, notamment à Constantinople, en Syrie et à Jérusalem. Mais cette grande et simple division d'Eglises orientale et occidentale s'est bientôt elle-même subdivisée par l'immixtion de la politique russe dans la première, et de l'élément protestant dans la seconde.

Dès lors la France a vu diminuer sa suprématie,

tandis que de son côté le saint synode, opprimé par les sultans, battu en brèche à Constantinople par l'abolition du patriarcat de Moscou chez les Arméniens, par le protestantisme, se voyait, par les persécutions, la politique et par le prosélytisme, arracher chaque jour de nouveaux groupes de fidèles, chair de sa chair, rameaux du vieux trône bysantin. La France reconnaîtra pourtant que nul mieux que l'élément romaïoi et sa représentation religieuse, civile et judiciaire, le saint synode, nul mieux que cette race opprimée depuis quatre siècles, que cette molécule bysantine échappée à tant de désastres, est de tous les éléments chrétiens celui qui est le mieux en possession d'accomplir les destinées du christianisme en Orient. L'élément grec sera en mesure de l'accomplir le jour où, par la volonté de l'Occident, le saint synode se verra rendu à sa forme première et purement religieuse par l'accession des chrétiens aux droits politiques dans l'empire ottoman.

La part de la Russie dans les complications de l'Orient devient si considérable, qu'on est à chaque instant obligé d'y revenir. Sa politique est souvent si étroitement liée ou si opposée à celle des puissances allemandes, que toute méthode est impossible dans cette exposition, à moins de parler de la Russie d'abord.

Les pavillons français, anglais, impériaux, espagnols, italiens, allemands, n'abritaient que des chrétiens de l'Eglise occidentale. Mais la Russie ne protégeait pas seulement des voyageurs, des pèlerins et des marchands, elle protégeait des sujets nombreux du sultan, sur lesquels l'affinité de religion et de race lui donnait une haute influence Pierre Ier, exerçant sur ce terrain son génie envahisseur, supprima le patriarcat de Moscou, et se fit, en apparence, le plus humble des serviteurs du saint synode, au point de vue religieux. S'appuyant sur cette grande autorité, il pénétra au cœur de l'orthodoxie, rechercha parmi les Romaïoi les éléments slaves venus du Thibet à l'époque des migrations barbares, et parvint même, en 1774, par le traité de Kaïnardjick, non-seulement à miner la suzeraineté de la Porte dans les principautés danubiennes, mais encore à distraire du vieux tronc bisantin cet élément roumain qui n'avait, avec la Russie, aucune consanguinité.

Pierre Ier traçait ainsi, d'un trait magistral, l'ébauche du système des protectorats et du pan-russisme. Il nouait de sa forte main les premiers fils de la trame des complications actuelles.

Ainsi, ce rôle se résume clairement : affaiblir à la fois Stamboul et Bysance, prendre au Grand Seigneur

ses sujets, au saint synode ses ouailles, se courber devant ce même saint synode au point de vue du dogme,
et lui enlever, en mêlant la tiare à la couronne, la plus
large part de son gouvernement intellectuel, tel fut le
rôle des czars dans l'empire ottoman.

Ce déchirement causé par la Russie dans la Moldo-
Valachie livra, pendant cent cinquante ans, à des familles grecques du Phanar le gouvernement de cette
partie de l'empire que son culte plaçait sous l'autorité
du saint synode. Bucharest et Jassy devinrent ainsi
des pierres d'achoppement entre Romaïoi, sans donner
satisfaction aux Moldo-Valaques. Le Grand Seigneur,
en envoyant des hospodars phanariotes aux Moldo-Valaques, s'imaginait donner un prince romaïoi à ses sujets romaïoi, comme aujourd'hui il envoie à Samos un
Valaque et délègue aux conférences un ambassadeur
moldave. Les Roumains oubliaient qu'ils avaient fait
leur sommation à la Porte. Ils ne voulaient pas voir que
leur conduite envers leurs princes indigènes, que l'hu-
meur avide et turbulente de leur aristocratie moti-
vaient cet envoi arbitraire d'hospodars étrangers. Ils
repoussaient la qualification théocratique de Romaïoi,
et non contents de leur autonomie restée intacte, ils
revendiquaient une nationalité puisée à une source
latine. Ce à quoi les Romaïoi répliquaient qu'il ne res-

tait plus un verre de sang sorti des veines de la colonie trajane dans les principautés. Ils niaient que leurs héros et leurs grands noms'leur appartinssent, et leur demandaient ce qu'il leur resterait quand ils auraient rendu Michel le Brave à l'Epire, les Bassaraba à la Tartarie, les Ghyka à l'Albanie, les Ssourdza à la Hongrie, les Philipesco à Philippopolis, les Rosnovano, les Rosetti à Venise et à Gênes, etc., etc.

La Russie se fortifiait dans ces divisions, d'où naissent, dans un peuple, des haines irréconciliables, parce qu'elles prennent source dans quelque chose de plus vivace que l'intérêt matériel, dans l'amour-propre national et familial.

Quant au saint synode, en voyant se détourner de son sein les Romaïoi du Phanar que ces hospodars entraînaient à leur suite dans des carrières et des intérêts étrangers à la politique nationale, en voyant atténuer son autorité religieuse sur la Russie par les prérogatives que s'arrogeaient les czars, on conçoit de suite quel abîme les sépare des intérêts russes. Une diplomatie superficielle ou perfide a pu seule faire supposer à l'Occident que le saint synode était gagné aux csars. Les Grecs de l'empire ottoman, comme tous les peuples opprimés, pencheront sans doute toujours vers la puissance qui leur promettra la délivrance. Mais ils ne sauraient avoir de préférence pour la Russie, cause de leurs divisions; ils ne sauraient oublier qu'en se détachant du saint synode de Constantinople, symbole de l'Etat bysantin, point de ralliement de leur nationalité, Pierre Ier et ses successeurs leur ont fait un tort sensible.

Battu en brèche par une partie des orthodoxes du dehors, le saint synode dut en outre essayer les coups du catholicisme et du protestantisme. C'est une chose triste à constater, que la mission du véritable christianisme en Orient fut précisément mieux comprise des politiques, des philosophes et des poëtes eux-mêmes, que des religions et de leurs chefs.

A mesure que nous avançons dans l'examen de cette question complexe, il est aisé de s'apercevoir que le vieil élément romeï, conservateur du culte, de la langue, de la tradition politique religieuse et littéraire de la nation conquise, est toujours le premier décimé par les intrigues du dehors. Rome a ouvert dans son sein une nouvelle plaie, en créant depuis près d'un siècle une catégorie de Grecs unis qui se détachèrent du saint synode et reconnurent l'autorité du pape.

Aveuglée par son système de division à l'égard des chrétiens de l'empire, la Turquie s'en réjouit d'abord.

Elle prenait une sorte de plaisir à avilir le patriarcat en en créant de nouveaux partout où le réclamait la fureur propagandiste de la plus infime des sectes religieuses. Mais lorsqu'elle vit des raïas convertis, convaincus des crimes les plus graves et arrachés à sa juridiction, elle comprit qu'on lui soustrayait ses sujets ; que Rome était aussi dangereuse que Pétersbourg ; Pétersbourg et Rome aussi redoutables que Londres et Berlin. Trop tard elle s'aperçut que la nation romaïque qu'elle avait décimée, que ce saint synode qu'elle avait dépouillé d'une partie de ses garanties, que cet Etat bysantin que Mahomet II avait considéré comme un *enclave* dans l'empire ottoman, comme la source où le musulman impropre aux affaires pouvait puiser les moyens de gouvernement nécessaire pour se maintenir sur la terre d'Europe, ne sauraient être attaqués sans qu'elle en ressentît le contre-coup. Trop tard, dis-je, elle comprit que ses coups de mains sur la Grèce et sur Vienne n'étaient plus que l'achèvement d'un grand rêve, et que le débordement des diplomaties l'envahissait. Aali-Pacha, grand visir actuel, récemment plénipotentiaire à la conférence de Vienne, avait mission d'élever la voix contre la propagande romaine, si le quatrième point n'était pas resté dans les limbes.

Ce n'est plus la croisade des paladins chrétiens qui menace Constantinople, c'est la croisade des pavillons, des églises et des diplomaties. N'est-ce pas un étrange et merveilleux spectacle que celui qu'offre de nos jours le terrain de l'empire ottoman assailli par ces représentations menaçantes de tous les intérêts de l'Europe qui viennent piquer dans le sol, à deux pouces de la babouche du sultan, la hampe de leur drapeau? N'est-ce pas une chose plus prodigieuse encore que ces églises, ces patriarcats pullulant autour de la vieille mosquée et l'envahissant comme une jeune forêt qui enveloppe une ruine et jaillit verdoyante jusqu'entre ses pierres disjointes? La Turquie avait espéré ouvrir les portes et les fenêtres du monument chrétien à tous les vents de la tempête, et voilà que par ces galeries béantes la tempête est entrée jusqu'au sein de l'islam lui-même, et que l'empire tremble dans tous ses fondements. Ah! les sultans n'ont pas compris pourquoi Mahomet II donnait un sceptre à Gennadius; ah! ils ont imaginé qu'il suffisait de vaincre pour conquérir, et qu'on prenait une civilisation comme on prend un royaume; ah! la fierté ottomane les a aveuglés à ce point, et ils ont cru que ces raïas, ces Phanariotes, ces Romaïoi qui gouvernaient pour eux, administraient pour eux, commer-

çaient pour eux, apprenaient pour eux les langues
et l'art des diplomaties, seraient éternellement à leur
usage des ilotes de génie, pour compenser leur génie
absent; qu'il suffirait de les diviser, de les décimer, de
les spolier de temps en temps, de permettre aux politi·
ques étrangères, aux églises du dehors, de les ruiner
dans leur nationalité, dans leur dogme, dans leur institution synodale, sans que cette source d'administrateurs, de politiques, de savants, de négociants, ne se
tarît pour eux, et ne devînt par ce fait même un épar-
pillement de molécules cherchant des directions diverses selon la grande loi de l'intérêt individuel. Ah !
ils ont cru qu'on pouvait impunément ouvrir tant de
fissures à l'équité, au droit, sans que ce grand droit
européen général n'entrât de toutes parts dans l'empire
ottoman comme l'eau de l'Océan dans les fentes d'un
vieux navire !....

Mais il est temps d'achever ce tableau qui nous représente l'empire ottoman et son vieil enclave bysantin,
le musulman et le Romaïoi, submergés par les mêmes
causes. Le dernier trait complète le dessin. Il y met le
sceau de cet achèvement si rare dans les choses hu-
maines. Dans ce fourmillement de sectes religieuses
qui envahit le sol biblique de l'Orient, une secte manquait, une secte féconde elle-même en subdivisions.

Elle est venue à son tour du fond des régions hyperboréennes de l'Angleterre et de la Prusse, le front chargé de rationalisme et de frimas, s'asseoir sous le ciel d'or du pays des féeries. Lord Strafford de Redcliffe et le ministre prussien Wildenbruck, missionnaires en habit brodé, ont créé des patriarches comme Warwick faisait des rois, par influence.

Quant à l'Autriche, il n'est pas temps encore de lui enlever ce masque à double face, emprunté à la comédie antique, dont elle a jugé à propos de se couvrir dans la dernière guerre. Longtemps concentrée dans un rôle d'observation, elle se contentait de la protection particulière qu'elle étendait sur les diocèses de Nicopolis et de Jassy, postes avancés d'où elle épiait sa dangereuse amie, la Russie. Elle ne devait sortir de cette attitude que pour déployer au milieu de complications extraordinaires une dextérité diplomatique sans égale et faire mentir à son profit le proverbe : il faut qu'une porte soit ouverte ou fermée.

Avant d'éclairer ce côté de la question dont la pente nous conduira directement au quatrième point de garantie et aux conclusions de ce travail, il nous reste à montrer ce que devint la Turquie vis-à-vis du saint synode et des chrétiens de l'Eglise grecque, à relever en quoi elle fut injuste et erronée, à dessiner le carac-

tère des chrétiens d'Orient et leur rôle dans l'empire,
à dissiper enfin des préjugés et des calomnies accré-
dités depuis quelques années en Europe. Puisque
l'opinion des divers cabinets considère l'émancipation
des chrétiens de l'empire ottoman comme la seule solution équitable et pratique de la question d'Orient, il
importe d'accumuler l'information sur ces millions
d'opprimés dont le sort est en jeu à cette heure, car
il ne faut pas oublier que dans la misère de leur condition, ils n'en sont pas moins le seul instrument qui
puisse assurer, par son accession aux droits politiques,
une paix durable à l'Europe. — Tel est l'objet des
chapitres suivants.

CHAPITRE IV

VIOLATIONS SUCCESSIVES DE LA CAPITULATION DE MAHOMET II.
— LE BERAT DÉLIVRÉ AUX PATRIARCHES ACTUELS. — SI-
TUATION PERPLEXE DES CHRÉTIENS DE L'EMPIRE OTTOMAN
ENTRE LA RUSSIE ET LA PORTE. — INJUSTES SOUPÇONS DE
PHILORUSSISME.

On a vu que le diplôme conféré au patriarche Gennadius par le sultan Mahomet II contenait quatre clauses
bien distinctes. Si l'on rapproche cet acte primitif du
berat que les sultans délivrent de nos jours aux patriarches, à l'époque de leur investiture, on s'aperçoit
que la quatrième clause du diplôme a seule subsisté.
Les articles relatifs à la conservation des églises grecques, les dispositions concernant les immunités du
clergé, les priviléges particuliers du patriarche ont dis-

paru. On peut s'en convaincre en jetant les yeux sur ce berat, dont voici les dispositions :

1° Le patriarche est reconnu chef de l'Eglise et de la nation grecque ; clergé et laïques lui doivent obéissance.

2° Il est déclaré inamovible, sauf toutefois les trois cas où il serait convaincu de vexations envers ses raïas, où il enfreindrait les lois de la religion grecque, où il violerait la fidélité due au souverain.

3° Le gouvernement ottoman s'engage à ne pas reconnaître de métropolitain, d'archevêque ou d'évêque, s'il n'est dûment nommé par le patriarche et le synode.

4° Les affaires de mariage et de divorce sont du ressort du patriarcat et des évêques compétents, à l'exclusion de toute autre juridiction.

5° Le patriarche, les métropolitains, les archevêques et les évêques, ainsi que leurs suffragants, jugent les procès entre raïas; et il est interdit aux cadis et aux naïbs d'évoquer ces affaires.

6° Les testaments des membres du clergé ont leur effet plein et entier, d'après les lois de la religion grecque.

7° Le patriarche et son synode exercent en toute liberté, et sans être inquiétés par qui que ce soit, leur juridiction ecclésiastique sur tous les membres du clergé (1).

Nous ferons toutefois observer que les trois clauses résolutoires de l'article deuxième n'existaient pas dans les anciens berats.

Il faudrait un cadre historique plus large que celui-ci pour expliquer par quelle succession d'abus et d'empiétements l'ancien contrat s'est trouvé réduit aux proportions actuelles. Une histoire complète du saint synode et de la nation grecque dans l'empire ottoman, ne serait pas trop vaste pour retracer tant d'iniquités et de violences. Il est à remarquer que de tous les persécutés de l'Europe, les Grecs sont ceux qui se plaignent le moins. Eux seuls, peut-être, ont trop négligé ces appels à l'opinion publique, dont l'Italie et la Pologne ont fait si largement usage. Aussi l'Italie et la Pologne ont-elles aujourd'hui l'opinion pour elles en Occident, et peuvent-elles compter sur l'avenir ; tandis que les Grecs diffamés à l'aise par la diplomatie, ont vu se changer en indifférence, puis en suspicion, cet ancien engouement dont ils furent l'objet au temps des Châteaubriand et des Byron.

C'est que ces grandes voix qui plaidaient pour l'in-

(1) Voir sur le quatrième point les excellents articles du *Spectateur de l'Orient*.

dépendance de la race grecque au tribunal des peuples se sont éteintes, et que les Romaïoi n'ont songé ni à en susciter d'autres, ni à entretenir eux-mêmes, par la presse, cette passion de la justice, cette ardente charité pour les opprimés, qui habite dans l'âme généreuse des nations occidentales. S'ils avaient raconté combien de fois la Porte a foulé aux pieds tous ses hatti-scherifs, qui constituaient la juridiction ecclésiastique du saint synode; s'ils avaient montré leurs patriarches arbitrairement décapités, leurs prélats illégalement arrêtés, d'autres jetés en exil et frappés de confiscations, leur banque nationale écrasée d'impôts fabuleux, ils eussent remué les entrailles de la chrétienté. En entretenant en leur faveur une sympathie qui manquera peut-être aux négociations actuelles, cette chaude influence, reportée sur le quatrième point de garantie, eût peut-être mieux que la science et le talent, fait trouver dans des sentiments chrétiens, dans des sentiments de sainte justice et de réparation, la solution réelle de la question d'Orient.

Dans ces circonstances, la Turquie n'agissait pas toujours pour le compte de ses propres passions. En empiétant sur les priviléges qu'elle-même avait concédés, elle obéissait quelquefois aux instances des ambassades russe, française, autrichienne et anglaise à

Constantinople. On sait que les évêques de Servie ne demandent plus leur ordination à Constantinople, mais à Carlowitz. Qui ne se souvient qu'un chef du saint synode, pour avoir refusé de laisser passer outre à la célébration d'un mariage pour cause de parenté, s'est vu destituer sur la demande de l'ambassade anglaise ?

Mais ce qu'on pourrait reprocher de plus grave à la Porte, c'est d'avoir poussé, par les cruautés exercées sur ces raïas chrétiens, les ambassadeurs des czars, qui, le divan aidant, se sont le plus intimement ingérés dans les affaires du patriarcat. Nul n'ignore que si la consécration religieuse des hospodars de Moldavie et de Valachie existe toujours de fait, elle n'existe plus de droit, puisque le règlement organique de ces principautés, rédigé sous l'inspiration russe, n'en fait nulle mention au chapitre relatif à l'investiture des hospodars. Si l'on daigne ne jamais perdre de vue cette grande mission religieuse et patriotique du saint synode depuis 1453, on comprendra combien il devait se montrer justement jaloux de son autorité sur tous les Romaïoi indistinctement. Or, dans cette pensée touchante d'une nation vaincue, conservant avec amour et pour des jours meilleurs le culte, les usages, la langue et l'unité de la patrie expirée, on compren-

dra combien le saint synode, se souvenant de Bysance
et des jours de splendeur où il sacrait les empereurs,
devait attacher d'importance à ce droit d'oindre les
princes temporels de la Moldo-Valachie. Il y avait là
un souvenir des anciens jours, une sorte de réalisation
dans le présent, une espérance dans l'avenir. Qu'est-ce
donc que ce détournement de consécration religieuse,
en ce qui concerne les hospodars, lorsque, d'ailleurs,
les évêques métropolitains de Moldavie et de Valachie
sont tenus de se munir de pragmatiques sanctions du
synode grec pour entrer dans l'exercice de leur saint
ministère ? N'est-ce pas à ces conditions que le métropolitain de Valachie prend le pas en l'absence de l'archevêque de Césarée, lui, le premier des archevêques
sur tous les autres membres du saint synode, et établit ainsi, en faveur du métropolitain et du diocèse valaque, une préséance que ressentent vivement les autres évêchés et éparchies ?

Lorsque, par la mémoire, on reconstruit la longue
série de ces iniquités et de ces empiétements, on est
frappé d'un fait bien triste à constater, c'est que la
Porte s'est presque toujours vengée sur ses sujets raïas
de ses propres griefs contre les puissances chrétiennes.

Ce déplorable système turc redoublait surtout de ri-
gueur toutes les fois que la guerre éclatait entre la

Russie et la Porte, cas malheureusement très-fréquent
depuis le traité du Pruth. Le divan, dans ces circonstances, devenait, vis-à-vis des Romaïoi, soupçonneux et
bientôt cruel. Il semble que la divine Providence ait
voulu infliger ce supplice de la méfiance perpétuelle
aux souverains qui foulent, en faveur de telle ou telle
race victorieuse, les droits imprescriptibles de l'humanité dans la personne du vaincu. La Porte se figurait
alors que le corps des Romaïoi devait être considéré
comme responsable de tous les projets de la Russie
contre l'islam.

On imagine aisément la double impression qui devait résulter de ces méfiances. La Russie, témoin des
vexations et des intolérables avanies infligées aux
Grecs, ne pouvait, sans s'aliéner la sympathie de ses
coréligionnaires, rester spectatrice impassible des
maux qu'ils enduraient à cause d'elle. Les Grecs, de
leur côté, dans la misère de leur condition, ne voyaient
de salut que par le triomphe de la Russie. C'est alors
que la Porte croyait avoir doublement raison en châ-
tiant les raïas.

En analysant cette situation qui n'a cessé de s'ag-
graver depuis un siècle, on est frappé de voir qu'elle
est uniquement engendrée par une iniquité. C'est l'iniquité de la Porte envers les raïas, c'est l'inégalité po-

litique entre les divers sujets du sultan qui a causé tant de calamités. Quel enseignement dans ce fait! Pour avoir toléré dans la famille européenne qu'une nation laissât subsister un régime subversif des principes sur lesquels repose la civilisation chrétienne, la paix de l'Europe a été sans cesse troublée. Dieu peut-il enseigner d'une manière plus claire aux rois de ce monde, qu'en dehors de la justice il n'y a point d'ordre véritable?

Pour ne pas nous départir de nos sentiments de conciliation et d'impartialité, nous devons faire observer ici que la Russie aurait pu profiter des persécutions du gouvernement turc pour exciter les Grecs à la révolte. Elle ne le fit pas ; elle se borna, depuis le traité de Kaïnardyick, à réclamer, non pas un protectorat politique exclusif sur ses coréligionnaires, comme on l'a prétendu, mais le simple respect de leurs immunités religieuses par la Porte elle-même.

Ces réclamations de la Russie, dans la forme que nous venons d'indiquer, constituaient un engagement en faveur des Grecs. Et ce qui tendrait singulièrement à prouver qu'ils ne cachaient pas l'idée d'un protectorat exclusif, c'est que l'Angleterre avait jugé à propos de consigner cette obligation prise par la Russie, de soutenir les priviléges des Grecs. Lord Aberdeen

manqua donc de mémoire lorsqu'il nia, devant le par-
lement, avoir eu communication du traité d'Andri-
nople. On aurait pu lui opposer les préliminaires du
traité du 6 juillet, signé à Pétersbourg, entre le duc de
Wellington et le comte de Nesselrode, traité où domina
l'esprit du cabinet anglais en faveur de l'indépendance
hellénique; esprit où dominait alors le génie progres-
sif de Canning, qui avait proclamé l'égalité civile, religieuse et politique de tous ces peuples. L'Angleterre
n'eût pas donné une consécration nouvelle à des en-
gagements qui eussent explicitement ou implicitement
emporté pour la Russie l'idée d'un protectorat exclusif en Orient.

Une distinction reste à établir pour achever l'es-
quisse de cette situation des Grecs de l'empire ottoman placés entre les sympathies russes et l'oppression
turque. Depuis que l'Europe occidentale a passé du
philellénisme à l'engouement pour la Porte, cette tactique nouvelle, qui n'a été chantée ni par Casimir De-
lavigne, ni par Châteaubriand, a eu ses flatteurs en
prose plus ou moins anonymes, et cette prose ne vaut
pas, que nous sachions, celle de Paul-Louis Courier.
Elle a pourtant fait son chemin dans le monde. Grâce
à elle, on a beaucoup parlé, depuis quelque temps, de
la prédilection des Grecs pour les Russes.

Les opprimés auront toujours sinon une prédilection, terme absolu qui implique un objet invariable,
au moins de très-vifs sentiments pour quiconque ma-
nifestera le désir de les émanciper. Il serait absurde
de nier l'enthousiasme et l'élan des populations grecques de l'empire ottoman chaque fois qu'elles ont vu
poindre à l'horizon la plus petite lueur d'espérance de
ce genre. Mais que cette noble aurore de l'indépendance se levât du côté de Pétersbourg ou dans la
direction de Paris, de Londres, d'Egypte même ,
elle fut toujours saluée avec le même sentiment de
patriotique gratitude.

Dans l'une ou dans l'autre de ces circonstances, les
Grecs travaillèrent, selon leur droit, dans le seul intérêt de leur émancipation; et ce droit fut en même
temps un devoir, car il est du devoir de toute nationalité qui sent s'élever du fond de son cœur le cri de
la patrie gémissante, d'obéir à cette voix de Dieu et de
secouer ses bras enchaînés; mais ceux-là qui pen-
saient à ces grandes et saintes choses de la foi et de la
patrie, ne songeaient guère, ainsi que l'ont propagé
de basses accusations, à changer de maîtres afin d'a-
voir le bonheur de vivre moujiks après avoir vécu
raïas.

La Russie n'est pas un peuple libre, et quiconque

parmi les nationalités opprimées cherchera dans son
appui l'indépendance, ne pourra être soupçonné de
penser à se ranger sous sa loi.

L'Europe a-t-elle donc oublié que si les Grecs ont
pu chercher dans la puissance russe un instrument de
leur émancipation, c'est toujours en donnant des gages
à la liberté? L'histoire contemporaine serait-elle donc
ingrate envers l'héroïsme? Ne se souvient-elle plus de
l'immortel Miaoulis brûlant la flotte hellène, plutôt que
de la voir servir d'instrument à la Russie envahis-
sante? Et quand le déchirement de l'unité hellénique
fut consommé par une demi-réparation, ne se sou-
vient-on plus de ces Grecs de Constantinople qui, obligés de fuir le système de carnage adopté par la Porte,
au lieu de se fixer en Russie, où ils trouvèrent un
bienveillant refuge, où les attendaient les honneurs et
les fonctions, ne daignèrent même pas, aux termes
du traité du 6 juillet, réclamer l'indemnité qui leur
était due pour leurs biens confisqués par la Porte en
1821? Ils préférèrent une vie pauvre, mais libre sous
des lois et des garanties nationales en Grèce, et cou-
rurent entourer son gouvernement naissant.

Les Grecs n'ont pas tout dit d'ailleurs. Dans la
crainte d'indisposer une puissance qui leur avait donné
des marques d'intérêt, ils n'ont pas dit l'abolition des

priviléges de la communauté commerciale de Nizna,
refuge des Grecs laborieux fuyant la tyrannie; ils ont
passé sous silence la destruction des colonies militaires
grecques de Crimée, qui ont rendu de si éminents
services aux armées de terre et de mer de la Russie.
Ils ne se sont pas même plaints des divisions semées
depuis tant d'années parmi l'antique corps de nation
Romaïoi, et dont le résultat final se trahit dans l'exiguité
du petit royaume hellénique.

Non, les Grecs n'ont pas de prédilection pour la
Russie. Mais il fut un temps où ils en témoignèrent
bien évidemment envers la France, lorsque, pour
ravitailler l'armée de l'expédition d'Egypte, ils s'im-
posaient d'énormes sacrifices et bravaient les plus
grands périls, ne se plaignant même pas ensuite quand
le premier consul fit retour au trésor français des
6 millions de francs dus à ces généreux marins. Les
Grecs pouvaient-ils enfin donner à la nation française
une marque de prédilection plus évidente que d'offrir
spontanément, en 1826, la couronne et les destinées
de leur royaume naissant à un des princes de la bran-
che cadette de la maison régnante de France?

Il serait bon sans doute de s'étendre sur un pareil
sujet, mais c'est un champ long à faucher que celui
où croissent comme des chardons et des épines les

préjugés, la calomnie et la diffamation. Le temps nous manque, les proportions de cet examen s'y opposent.

Nous croyons cependant n'en pas rompre l'harmonie et faire un pas en avant vers la solution du quatrième point de garantie en rectifiant dès à présent une foule de mauvais bruits lâchés volontairement contre les Grecs orthodoxes, comme les renards incendiaires de Samson dans les champs des Philistins, relativement au saint synode, à la question des couvents moldaves et aux phanariotes.

CHAPITRE V

Nous abordons ici un terrain tout à fait actuel. Le lecteur a peut-être connaissance d'un libelle diffamatoire sur la Turquie, répandu à Paris cet hiver. Il est signé d'un de ces noms qui sont le meilleur des pseudonymes, parce qu'ils appartiennent à quelqu'un, et que ce quelqu'un peut, comme Ulysse chez Polyphème, se donner en toute conscience le nom de Personne.

Concurremment avec ce pamphlet, quatre lettres relatives au saint synode grec de Constantinople et aux couvents moldo-valaques ont paru, la première, dans le *Moniteur* du 11 octobre 1855, les trois autres, dans la *Presse* des 16 et 28 octobre, et du 4 novembre de la même année. Lettres et pamphlets émanent de la même main. Comment cette main a-t-elle pu se glisser jusque dans l'imprimerie du *Moniteur*, et compromettre sa haute autorité? Nous l'ignorons.

Egarer l'opinion, soulever les passions, raviver d'antiques haines, tel aurait pu être l'effet de ces instigations, si les événements ne déjouaient pas ces infimes calculs, et si le mensonge n'était pas l'aimant qui attire la vérité. Nous avons déjà pressenti le but secret de ces coupables manœuvres. Il est inutile d'y revenir. A quoi bon, d'ailleurs, jeter la sonde dans les abîmes du mal, puisqu'ils n'ont pas de fond?

Il y a des polémiques auxquelles on ne descend pas. Ce qui reste de mieux à faire en pareil cas, est d'opposer la vérité au mensonge. Voici la vérité sur le saint synode et sur le patriarcat grec de Constantinople, tels qu'ils existent aujourd'hui.

Les Turcs donnent au patriarche le nom de *Millet Bachi*, chef de la nation; et à cette nation composée, tant en Turquie d'Europe qu'en Turquie d'Asie, d'environ quinze millions de chrétiens orthodoxes, la dénomination de *Roum-Milléti*, nation romaïque.

Nous verrons plus loin comment cette dénomination quasi archaïque, n'est plus absolument applicable aux 15 millions de chrétiens de l'empire ottoman. Mais elle suffit présentement à montrer ce qu'il y a de dérisoire à donner le nom de communauté à une population aussi nombreuse.

Les douze évêques métropolitains qui forment, avec le patriarche, le saint synode, portent le titre Ἔγκριτοι, éminents, et non celui de γέροντες, formule révérencieuse applicable à tout le haut clergé. Ce titre est corporel aux douze archevêchés. Les autres évêques et archevêques métropolitains ne participent aux travaux du synode qu'à l'appel du patriarche.

La *Cour patriarcale*, composée en partie de laïques, et ayant à leur tête le grand logothète, rédige les actes officiels notariés et juridiques, et assiste le patriarche dans ses hautes fonctions judiciaires. Le *promptuarium d'Armenopoule* a force de loi parmi tous les orthodoxes de l'empire, sauf parmi les principautés de Moldavie et de Valachie, qui se régissent elles-mêmes. Les réunions du synode sont quotidiennes. Dans les cas extraordinaires, le patriarche convoque en outre les évêques et les notables de la nation, ainsi que les représentants des principautés de Servie, de Valachie, de Moldavie et de Samos.

En cas d'élection, on adjoint à cette assemblée les syndics des corporations ouvrières ; mais cette convo-

cation n'a jamais lieu sans ordre de la Porte. Après
une prière faite en présence du peuple, à l'église patriarcale, l'assemblée, présidée par le métropolitain du
rang le plus élevé, entre dans le lieu de ses délibérations. Le président prononce un discours de circonstance. La discussion sur les candidats s'établit ensuite
avec d'autant plus de calme que l'opinion, et par conséquent le choix des assistants, est presque toujours
formé à l'avance. L'exaltation du nouveau pontife se
fait, comme on dit en Occident, par acclamation.
Ἄξιος! Il est digne! s'écrie-t-on; le mot Ἀνάξιος, in-
digne, n'a jamais été prononcé. S'il y avait des pertur-
bateurs, la garde patriarcale en ferait justice, sans
avoir besoin de recourir à la Porte. Le drogman de la
Porte, en sa qualité de Turc, ne fait pas partie du
saint synode, et ne peut être chargé de requérir la
force armée. Il n'assiste aux séances que pour la lecture des firmans.

A la requète des métropolitains, le sultan reçoit le
lendemain l'élu du synode en audience solennelle, et
le confirme *Millet Bachi* de la nation *Roum*. Le nouveau patriarche rend ensuite visite au grand visir et
aux ministres, et rentre en grande pompe au palais
patriarcal.

Le saint synode n'a pas de biens. On a donc tort de

l'accuser de veiller à leur conservation. Les couvents qui possèdent des biens-fonds les administrent et en jouissent exclusivement. Quand ces communautés se croient lésées, elles recourent quelquefois au saint synode qui les assiste de son appui, ou les réprimande, selon que ces plaintes lui paraissent fondées ou non.

C'est à la conservation de ses immunités et de ses priviléges, dont il est en possession depuis quatre cents ans, que veille le saint synode ; parce que, grâce à ces immunités et à ces priviléges, il a pu défendre l'unité dogmatique de l'Eglise grecque contre les entraînements politiques que subissent d'autres Etats orthodoxes, garder le dépôt des lois nationales, répandre la langue grecque et les lumières du christianisme jusqu'au fond de l'Anatolie, ce foyer de l'islamisme. Que l'on se reporte au temps où le dernier des janissaires, le dernier des *Gagliondjis* était capable de tous les crimes pour assouvir sa cupidité, et l'on verra que c'est à travers la lutte, le sacrifice et parfois le martyre, que le saint synode a rempli sa mission.

Passons au patriarcat :

Depuis Gennadius, il a bien dégénéré. Si le droit est resté le même, il s'en faut qu'il en soit ainsi des attributions. Il n'est pas vrai que le patriarche juge souverainement, puisqu'il ne juge pas seul. Les décisions de son tribunal *n'obligent pas*. C'est une manière de justice de paix que les orthodoxes préfèrent naturellement à la juridiction d'un cadi. Les procès ne coûtent rien, par la raison que la cour patriarcale n'est point une cour de justice, et que toutes les fonctions qui se rattachent à cette dernière n'y existent pas. La cour patriarcale ne juge pas d'affaires correctionnelles. Lorsque le patriarche veut mettre un frein aux mauvaises mœurs, ou sévir contre quelque acte illicite, il défère ces actes au sultan. L'inquisition n'ayant jamais existé dans l'Eglise orthodoxe, le patriarche n'exerce aucun droit de pénalité direct sur ses ouailles. Il fait les mariages et prononce les divorces, fort rares entre Romaïoi, défendus d'ailleurs par les synodes, et que celui de Constantinople, placé entre une législation effective et une législation facultative, n'a toléré que par des circonstances impérieuses, dans l'intérêt de la nation et de la famille. Pour procéder au mariage, le prêtre doit être muni d'un *voula* ou cachet du patriarche, mais les dispenses matrimoniales n'existent pas. Les laïques de la cour patriarcale qui rédigent ces actes et leur donnent un caractère authentique, ne sont point rétribués. Ils perçoivent seulement, à titre d'indemnité, un léger droit, d'après un tarif approuvé par le synode.

Il ne nous paraît résulter de cet exposé, que le patriarche puisse être considéré « comme un magistrat, un notaire et un juge, qu'il vende les emplois, qu'il frappe des contributions, opprime et bâtonne ses ouailles, et les condamne aux galères. »

Les détails dans lesquels nous sommes forcé d'entrer ici, ne nous permettent pas de passer sous silence les attaques dirigées contre la *Caisse patriarcale* (1). On sait que le clergé n'est pas rétribué par l'Etat. Les évêques, élus canoniquement, vivent d'un casuel réglé par une pragmatique sanction publiée dans les églises, afin que les fidèles connaissent leurs obligations

(1) Le plan et l'organisation de la caisse patriarcale appartiennent au prince Alexandre Soutzo, dernier hospodar phanariote de la Valachie. Il en conçut l'idée pendant son drogmanat près de la Porte.

La famille des Soutzo était réputée, à Constantinople, appartenir au parti progressiste. Elle a donné trois hospodars à la Moldo-Valachie :

1° Alexandre Soutzo, dont nous venons de parler ;

2° Le prince Michel, dont le fils Alexandre, drogman de la Porte, a été décapité pendant la conclusion de la paix entre la Turquie et l'Angleterre en 1808 ;

3° Et un autre, Michel Soutzo, dernier hospodar phanariote de Moldavie. Au passage du Pruth par Alexandre Ypsilanti, ce prince résigna le pouvoir et consacra sa fortune à la cause de l'hétairie. L'Autriche le retint à Goritzia pendant six ans. Au sortir de sa captivité, il se retira à Athènes où il vit entouré de l'estime de ses concitoyens.

De nombreux Soutzo se sont distingués en Grèce dans les sciences, la diplomatie et dans les diverses branches de l'administration. D'autres membres de cette famille ont acquis, d'après les lois du pays, l'indigénat en Moldo-Valachie. L'un de ces derniers, le prince Nicolas Soutzo, allié aux Cantacuzènes de Jassy, a rendu de grands services à sa nouvelle patrie. On lui doit la meilleure statistique connue sur la principauté de Moldavie.

envers leurs pasteurs spirituels. Ils concèdent en outre, à des prix basés sur le chiffre de la population, les cures de leur diocèse à des curés élus par les paroissiens. Le casuel des évêques, comme en France les honoraires de l'avocat, n'est point exigible. Comment, dès lors, lui serait-il permis, à défaut d'argent, « d'enlever le grabat du pauvre ? »

Les évêques de l'Eglise d'Orient payent, à leur élection, un léger droit à la Porte pour le berat, ainsi qu'au grand logothète, pour frais d'acte. Les pragmatiques sanctions sont de trois classes : la première de 2,500 piastres, la deuxième de 2,000, la troisième de 1,500. Si l'évêque offre un cadeau au patriarche le jour de sa nomination, c'est une offrande et non un tribut.

La caisse patriarcale, indépendante de l'autorité du patriarche, est régie par quatre membres nommés pour un an à l'élection, et choisis : deux parmi les négociants, un parmi les notables, et le quatrième parmi les évêques. Un secrétaire responsable et deux écrivains forment le bureau de ce comité. Nul payement ne peut se faire sans la présence de tous les membres, dont chacun garde un quart du sceau de la commission.

Les recettes de la caisse se composent : 1° du contingent des évêques ; 2° des revenus des couvents qui

ressortent du patriarcat, et de quelques faibles revenus annuels.

Les dépenses comprennent : 1° l'entretien, la représentation et le personnel du patriarcat ; 2° le maintien de plusieurs écoles et hôpitaux à Constantinople ;
3° les secours mensuels distribués aux pauvres et aux
familles nécessiteuses ; 4° les frais des solennités religieuses ; 5° les cas imprévus.

Le saint synode examine et arrête le budget. En cas
de déficit dûment justifié, il détermine les mesures
économiques destinées à le combler. C'est à un inci-
dent de cette nature que remonte l'origine du contingent annuel des évêques.

En voici l'explication.

En 1798, à la suite des malheurs survenus depuis
1765, la caisse patriarcale faillit à succomber sous un
énorme déficit. Une décision synodale répartit ce déficit entre tous les évêques, selon l'importance de leur
diocèse. Ils souscrivirent des obligations au porteur,
portant intérêt à 10 p. 100, et devinrent ainsi débiteurs
de la caisse, chacun pour sa part afférente. La commission financière garantit les obligations, et les évêques
s'engagèrent à verser annuellement les intérêts, plus,
une somme fixe pour amortissement.

Ces obligations circulèrent ; la caisse fut sauvée.

Il est bon d'ajouter que les mutations ou nomina-
tions nouvelles, pour cause de mort ou d'avancement,
donnent lieu à une plus-value qui profite encore à la
caisse. Supposons que, lors de la répartition de la
dette, tel évêché ait été imposé à 100,000 piastres,
et l'amortissement de cette obligation fixée à 5,000
piastres par an. Si le titulaire meurt au bout de dix
ans, il est clair que la capital souscrit est amorti de
50,000 piastres. Son successeur n'en est pas moins tenu
de souscrire des obligations pour 100,000 piastres,
et la moitié des remboursements de cette somme est
capitalisée au profit de la caisse (1).

Son budget n'en est pas plus riche. Les évenements
de la Servie et la constitution du royaume de Grèce
ont permis aux évêchés de ces deux États de se soustraire au payement des obligations, et ils en ont pro-
fité. Les titres firent retour à la caisse qui dut rem-
bourser les porteurs.

Voilà à quoi se réduisent ces graves accusations de
« simonie » lorsqu'on les passe au crible de la vérité.
Ce qu'il y a de plus fâcheux, c'est que l'esprit de haine
est souvent le compagnon de l'ignorance. La haine est

(1) Les patriarcats de Jérusalem, d'Antioche, d'Alexandrie, ainsi que
les archiépiscopats de Sinaï et de Chypre ne participent pas à cette organisation. Leur administration est dirigée par des consistoires locaux et
d'après des règlements spéciaux.

aveugle ; aussi frappe-t-elle au hasard et sans la moindre connaissance des faits.

Sans doute l'ex-patriarche Anthimos a été justement châtié parce qu'il a manqué aux devoirs de sa haute mission. Mais par quel procédé, avec le système administratif de la caisse patriarcale, aurait-il pu en deux années distraire 25 millions de piastres? N'est-ce pas d'ailleurs un fait notoire qu'il existe aujourd'hui à Constantinople six anciens patriarches réduits à une telle indigence que le sultan leur fit allouer, en 1850, une pension alimentaire?

La seule chose qu'on puisse reprocher à l'Eglise d'Orient, c'est la regrettable ignorance du bas clergé, rendue plus sensible depuis la constitution du royaume de Grèce. A dater de cette époque, les lumières du christianisme orthodoxe de l'empire ottoman affluèrent à Athènes, où les appelait en outre la faculté de théologie et l'école spéciale évangélique fondée par le vertueux Rizari. Le séminaire de l'île Chalki, fondé par le prince Alexandre Ypsilanti, rivalise avec ces derniers, et ses efforts répondent aux espérances du saint synode et de la nation.

Le vice inhérent à l'organisation actuelle du saint synode est aisé à voir, mais il n'est pas moins évident que la situation des chrétiens dans l'empire ottoman

en est l'unique source. Toucher aux immunités et priviléges du saint synode avant d'avoir émancipé les
raïas, c'est frapper au cœur la nation grecque; c'est
susciter la révolte.

La plus perfide des calomnies auxquelles nous ferons allusion, et qui, grâce à l'ignorance où l'on est à
Paris des choses de l'Orient, a pu se glisser de la bou-
tique du libraire jusque dans les colonnes du *Moniteur*
et de la *Presse*, est relative aux couvents grecs. Elle
prend une certaine gravité en raison de l'action en
revendication que le trésor moldave intente devant la
Porte aux communautés religieuses grecques par l'or-
gane de MM. Raletti et Negri. L'idée de la sécularisa-
tion des biens du clergé dans les principautés danubiennes se cache peut-être sous ces prétentions du
trésor, et nous pourrions accepter cette organisation
nouvelle adoptée par les nations les plus civilisées de
l'Europe, si l'expropriation ne devait pas tomber uniquement sur les couvents grecs, et si l'on nous disait
au profit de qui elle aura lieu.

Les principaux couvents grecs de l'empire ottoman
sont ceux :

1° Du mont Sinaï,

2° De Jérusalem,

3° D'Alexandrie,

4° D'Antioche,

5° De Chypre,

6° Du mont Athos,

7° De l'Epire,

8° De Thessalie,

9° De Salonique,

10° De Pogoniani, en Macédoine.

Leur origine se perd dans l'antiquité des temps bysantins. Ils possèdent des immeubles dans la plupart des villes turques où résident des chrétiens orthodoxes, ainsi qu'en Russie, en Bessarabie, en Bucovine et dans les principautés moldo-valaques.

C'est là qu'on menace leur existence.

Les Moldo-Valaques, délivrés depuis quarante ans de ces princes phanariotes dont ils se plaignaient si amèrement, n'ont fait aucun progrès en économie publique et en administration depuis cette époque. Ils s'en sont pris tantôt aux Russes, tantôt aux Autrichiens, tantôt aux Turcs. Ils s'en prennent aujourd'hui aux couvents grecs. Ils veulent les spolier sans indiquer l'emploi des produits de la spoliation, sans justifier des notions les plus élémentaires indispensables pour utiliser ces nouvelles sources de revenus par l'application des grands principes de gouvernement qui ont justifié une pareille mesure en France.

Pour justifier ce coup d'État sur la propriété, l'avocat anonyme de MM. Raletti et Negri dans la *Presse* défie les couvents d'exhiber leurs titres de propriétés. De son côté, M. le ministre des affaires ecclésiastiques moldaves considère les couvents grecs de l'Orient comme une *suprématie religieuse* dégénérée en servitude.

Une partie des couvents dont l'existence est ici en question porte la qualification d'*inquinates*, dédiés. Ainsi qu'il appert des actes testamentaires et des chrysobules constitutifs, ces communautés religieuses, fondées par des princes et des boyards indigènes, et non par des princes phanariotes, furent dédiées par leurs fondateurs à des établissements consacrés au même culte, hors du territoire moldo-valaque. Leur fortune s'est augmentée depuis par des donations et des achats. Le statut organique, en établissant une administration distincte pour les couvents indigènes, a, par l'exception même, confirmé le droit et le caractère des *inquinates*. Or, au point de vue civil, ce caractère n'est autre que celui d'une *propriété inaliénable*. Il serait d'autant plus difficile de les considérer comme une suprématie religieuse, dégénérée en servitude, que le rit orthodoxe suivi par ces établissements n'admet pas de « suprématie religieuse. »

Ainsi, ces donations ne furent pas directement faites

aux lieux saints, mais à des couvents de leur dépendance. Il n'est donc pas juste de dire que le saint Sépulchre, le mont Athos, le mont Sinaï, les patriarcats d'Alexandrie, d'Antioche et Drian en Epire possèdent « deux cent quinze terres en Moldo-Valachie. » Ce serait intervertir la position des moines grecs de ces principautés, et de propriétaires qu'ils sont, en faire des fidéï-commissaires.

Ces *inquinates* relevant des lieux saints étaient gérés par des délégués spéciaux du nom d'*Hégoumènes*. Les rapports des hégoumènes avec l'autorité locale et les détails de leur mandat vis-à-vis des couvents, furent réglés et consacrés par le prince Alexandre Ypsilanti dans son Code civil et ecclésiastique en 1775; par les princes Michel Soutzo en 1796, Alexandre Soutzo en 1799, Alexandre Mourouzi en 1800, Constantin Ypsilanti en 1802, dans leurs chrysobules princiers.

La possession de ces biens provenant de donations, et leur inaliénabilité relatée dans ces chrysobules, est donc à la fois constatée par des actes administratifs et privés. En quoi le surplus aléatoire de leur revenu envoyé aux lieux saints, à titre d'aumône; en quoi l'ingérance paternelle infirment-ils les droits de l'autorité locale des couvents grecs et le caractère inaliénable de leur propriété ?

La fortune de ces communautés n'a pas manqué, on le devine, d'exciter la convoitise. En 1822, l'Etat moldave endetté s'en est approprié le revenu pendant cinq ou six ans; l'administration russe, généreuse du bien d'autrui, voulut donner des rentes aux Moldo-Valaques aux dépens de ces mêmes couvents. Les hospodars de leur côté, et la meute de leurs ciocoï, les administrateurs et sous-administrateurs de districts, etc., etc., menacent les hégoumènes qui, pour garder leur poste, négligent les intérêts qu'ils sont chargés de protéger et assouvissent ces appétits. Survient ensuite le fisc qui, à l'aide de ces mille moyens dont il dispose en tous pays, fait le regain de toutes ces moissons.

Le revenu des couvents *inquinates* dans les principautés, d'après les dernières ventes des fermages, donnent pour la Moldavie 2,220,000 fr., et pour la Valachie 3,458,522 fr. 50 c. (1). Les délégués des princi-

(1) Cette somme provient de quarante et un *inquinates* répartis de la manière suivante :

1° Mont-Sinaï	3	25,300 ducats.
2° Jérusalem	9	50,200
3° Alexandrie	1	8,500
4° Antioche	1	600
5° Mont Athos	13	71,450
6° Epire et Albanie	5	27,300
7° Thessalie	7	18,800
8° Salonique	1	8,000
9° Pogoniani	1	4,000
Total	41	214,150 ducats.

pautés réclament le tiers de ce revenu. Le produit des terres conventuelles de Bessarabie doit être compris dans ce chiffre.

Sur quoi se fondent-ils? Lorsqu'on accuse les moines grecs d'avoir « favorisé Ypsilanti, l'Hétairie, les Staurophores du général Sala, » a-t-on la prétention de confisquer leurs biens? La confiscation ne figure pas parmi les lois pénales de la Moldo-Valachie, et le sultan a prononcé l'amnistie.

Est-ce une contribution directe? la loi du pays ne frappe aucun impôt sur la propriété foncière. Nous n'avons pas à examiner le mérite d'un pareil système. Mais si on juge à propos de s'en départir pour les biens des couvents *inquinates*, le clergé moldo-valaque et les boyards n'y échapperont pas.

Serait-ce une expropriation pour cause d'utilité publique? Hélas! la Moldo-Valachie, malgré sa soif de civilisation, n'a pas encore jugé à propos de régler cette matière.

La raison d'Etat, peut-être?... — Savent-ils bien ce que c'est que l'Etat?

Les Moldo-Valaques sont très-amoureux de leur autonomie. Nous ne la leur contestons pas. Nous leur en souhaitons le plein exercice. Mais nous leur ferons cependant observer qu'ils n'en font pas moins, en fait, partie intégrante de l'empire ottoman. L'autonomie dont ils jouissent découle de la même source que les priviléges et les immunités du saint synode et du clergé grec. Ces stipulations s'appliquent également aux biens ecclésiastiques des autres provinces de l'empire ottoman. Or, si ceux de la Thessalie, de la Thrace et de l'Asie Mineure sont exempts d'impôts, de quel droit en établirait-on précisément sur les biens ecclésiastiques de la Moldo-Valachie, où la propriété ne supporte aucune charge publique ?

Le reste de ces prétentions déraisonnables, de ces renseignements erronés et de ces assertions calomnieuses, tombe dans le même cercle d'arguments. Pour les ruiner, il suffit de les récapituler en les résumant.

De ce qui précède, il résulte donc :

1° Que les saints lieux ne possèdent pas de terres isolées dans les principautés, mais des couvents auxquels ces terres sont attachées ;

2° Que ces couvents sont fondés et dotés par des princes et des boyards indigènes, dans un sentiment d'amour filial ;

3° Que ces *dédicaces*, constatées par des actes constitutifs des chrysobules et des testaments, par une possession non interrompue de plus de deux siècles,

ont été confirmées dans leur droit de propriété inaliénable par les gouvernements successifs des principautés ;

4° Que ces établissements religieux avaient été, dès
l'origine, dédiés aux lieux saints par leurs propres
fondateurs, et qu'aucune dédicace pareille n'a été faite
à un couvent indigène par des princes phanariotes ;

5° Que le *statut organique* a établi une ligne de dé-
marcation entre les couvents indigènes et les couvents
grecs sous la dénomination d'*inquinates* ;

6° Que la gestion de ces couvents était exclusivement exercée par des hégoumènes grecs soumis à la
stricte exécution des actes de bienfaisance stipulés dans
les chrysobules de fondation ;

7° Que les délégués de Moldavie à Constantinople se
contredisent en attribuant l'administration de ces couvents à des hégoumènes indigènes ayant rang dans le
divan du pays, puis qu'il dérive du principe qu'ils ont
admis que tous les couvents sont indigènes et qu'il
n'existe qu'une distinction légale entre ceux-ci et les
inquinates ;

8° Que la réglementation administrative des couvents
grecs a été introduite en vue de réformer d'anciens
abus, par des princes phanariotes, notamment par
A. Ypsilanti, M. Soutzo, A. Mourousi et C. Ypsilanti ;

9° Que les droits des saints lieux sur ces couvents, sanctionnés par des titres, par une possession séculaire et plus récemment par le statut organique , infirment toute action intentée en vue de contester ce droit ;

10° Que ce droit de *propriété inaliénable* range ces couvents dans la catégorie des immeubles de l'Église orthodoxe d'Orient, que le fait de leur situation au sein de l'empire ottoman abrite sous les capitulations octroyées par Mahomet II en 1453, et confirmées par ses successeurs ;

11° Que les principautés, faisant partie intégrante de l'empire, ne sauraient, sans violer le droit et attenter aux prérogatives de S. M. le sultan, se soustraire à l'obligation qui leur est imposée par ces capitulations, de respecter les priviléges des propriétés conventuelles grecques situées sur leur territoire.

12° Que tout acte hospodaral, toute décision des divans locaux ayant pour but d'affecter tout ou partie des revenus de ces couvents à une autre destination que celle énoncée dans les actes de fondation, doit être mis à néant comme arbitraire.

13° Que, dans l'espèce, la qualification d'*aumône* dont les délégués moldaves se servent pour atténuer les droits des moines grecs, ne change rien à leur titre de possession, qu'elle n'altère pas le caractère de donation, compris parmi les diverses manières d'acquérir.

14° Qu'enfin les moines grecs ne donnent aucune reconnaissance à la Moldavie pour la fondation de ces établissements et de leur dédicace aux lieux saints, puisque ni le trésor public, ni la nation n'y avaient contribué; et que les bienfaits que ces couvents ont pu répandre autour d'eux ont été accomplis dans le désir de répondre à la pensée de leurs fondateurs.

Ne pouvant triompher par la logique et l'exposé des faits, on a eu recours au mensonge. S'étayant du fameux argument des *aumônes*, on a prétendu que le patriarche « recevait l'aumône de la Moldavie; » mais on n'a pu trouver le moindre budget pour en administrer la preuve. Pour expliquer l'intervention du patriarche de Constantinople dans ce grand procès, on a dit que son patriarcat possédait « cinq terres en Moldavie. » Or, il se trouve tout simplement que cela n'est pas vrai. Il se trouve que ces terres forment la dotation du couvent d'Aronvada, dédié, en 1821, par le prince Jean Stourdza, aux hôpitaux grecs de Constantinople, et qu'elles ne font, par conséquent, pas même partie des biens du clergé grec.

A bout de mauvaises raisons, on a fait du voltairianisme oriental contre le clergé grec, sans tenir compte

6

de son dévouement aux jours de choléra, de peste, de famine et d'invasion, d'inondations, d'incendies, de tremblements de terre, d'épizootie, d'envahissements de sauterelles, etc.

Bref, on a parlé de « l'*indépendance de l'Eglise de Moldavie* » qui n'a jamais existé ; d'un « revenu de 30 millions » qui n'existe pas, de « magnifiques terres » qui n'existeront jamais.

Le sultan a perdu patience, et une lettre vizirielle est venue rappeler les accusateurs à la pudeur.

Quant à nous, fermement convaincus de la nécessité d'une réforme du saint synode et du clergé orthodoxe, nous l'appelons de tous nos vœux ; mais nous pensons que ces mesures se lient étroitement aux vastes problèmes politiques que les complications de la question d'Orient ont mis en jeu, et dont les conclusions de cet examen recherchent la solution.

Mais pour en finir avec ce système d'accusations à l'aide duquel on espère audacieusement enfermer l'opinion publique, en Europe, dans un petit réseau de mensonges qui deviennent à la longue d'honnêtes préjugés, il nous reste à parler des Phanariotes.

CHAPITRE VI

« Les portes du Phanar resteront ouvertes pendant huit nuits, » avait dit Mahomet II, après l'investiture de Gennadius. On voit par là que le Phanar existait au temps de l'empire. C'était, originairement, un quartier de Constantinople habité par des chrétiens.

Ce mot Phanar a, depuis, pris en politique une signification *sui generis.* Le Phanar, tel que les esprits prévenus ou hostiles s'efforcent de l'offrir à l'imagination de l'Europe, dépasse en mystères et en invraisemblances tout ce que le génie des conteurs arabes a pu accumuler dans les *Mille et une*

Nuits. Les détracteurs de la nation grecque n'ont rien imaginé de plus habile pour la perdre dans l'opinion publique. Grossi par l'éloignement, le Phanar est devenu l'égout où s'est conservé le trésor des vieilles corruptions bisantines, une école de perversité politique sans but, sans principe, une aggrégation de souffleurs et d'alchimistes élaborant je ne sais quelle mixture qu'on pourrait nommer : l'art de réussir. Voilà le Phanar. Mais qu'on se rassure : il y a longtemps que le Phanar n'existe plus que dans l'imagination des honnêtes lecteurs de journaux, qui n'ont jamais quitté le coin du feu.

Le talent, la sincérité éclairée de plusieurs écrivains modernes, n'a pu réhabiliter le grand patriote italien Machiavel. Nous n'espérons guère réhabiliter le Phanar. On sait que la calomnie est un mal sans remède, dont il reste toujours quelque chose. Nous n'avons donc d'espoir que dans ce petit nombre d'hommes sages qui, avant de se former une opinion, pèsent le pour et le contre. Les lignes suivantes faciliteront cette confrontation qu'un esprit sérieux doit faire subir à toute idée courante devant le tribunal de sa propre conscience.

Ces portes du Phanar, que Mahomet II ouvrait pendant huit nuits à la nation romaïoi, furent trop étroites pour contenir l'élite des Grecs accourant de toutes les parties de l'empire, de l'Asie même, afin d'entourer ce saint synode qui, par le fait de la capitulation, devenait l'arche sainte de la patrie opprimée.

Le génie de la nation grecque, si multiple, si profondément social et politique, si fortement empreint de cet esprit de civilisation qui l'a fait survivre distinct dans Rome même, et qui persiste à travers toutes les transformations de cette race glorieuse, ce génie, dis-je, se reconnaît dans cette haute tactique de l'élite de la nation romaïque après la conquête.

Vaincus par la force matérielle, ils songèrent à rester les plus forts par l'intelligence. Jugeant bien vite l'indolence et l'inaptitude à tout travail de ce peuple turc, exclusivement religieux et militaire, les Grecs, groupés autour du saint synode dans le quartier du Phanar, s'adonnèrent aux sciences, à la médecine, à l'enseignement public, à l'étude des langues et au commerce. Leur instruction, leur habileté, l'élévation de leur intelligence en forma bientôt au milieu de la nation grecque un groupe à part, une sorte d'aristocratie intellectuelle. En raison du quartier qu'ils habitaient, on leur donna le nom de Phanariotes.

Il est aisé de constater aujourd'hui que, sans les Phanariotes, la Turquie eût été impuissante à se maintenir sur le sol européen. Des branches entières de son gouvernement n'auraient jamais pu fonctionner.

Parmi les familles phanariotes, plusieurs remontaient à l'empire; d'autres familles étaient venues d'Argos en 1461, à l'appel de Mahomet II, qui sentait la nécessité de repeupler Constantinople. Les chefs de ces familles transportèrent à la cour patriarcale de Gennadius les emplois qu'ils occupaient au palais des empereurs et en maintinrent les désignations et titres. D'autres familles passèrent à Trébizonde sous Lascaris, dans le Péloponèse, en Italie, avec les neveux de l'empereur Paléologue, en Sicile et en Corse.

On chercherait vainement parmi cette fleur de la nation romaïque groupée au Phanar les moindres traces d'organisation nobiliaire ou de castes quelconques. Le mérite et le patriotisme réunissaient seuls ces hommes autour de ce qui représentait pour eux l'État. Aucune hiérarchie autre que celle qui résulte de la différence des aptitudes n'existait entre eux. Si quelques-uns reçurent des titres qui les assimilaient aux grands dignitaires de la Porte, ces titres ne furent point héréditaires.

L'influence que les Phanariotes communiquèrent au saint synode, leur action sur la population romaïque, ne laissent aucun doute sur la pensée qui les ani-

mait. Ils poursuivaient par la science, par le talent,
par l'habileté, seuls moyens restés en leur pouvoir,
l'idée d'une régénération de la race conquise. Quels
qu'aient été, d'ailleurs, leurs fautes ou leurs vices,
cela seul suffit à les sauver aux yeux du politique.
La grandeur du but les élève et ferait, au besoin,
disparaître l'infimité des moyens.

Quand les Phanariotes distinguaient parmi le peuple quelque jeune garçon doué d'une aptitude supé-
rieure pour l'étude et d'un heureux naturel, ils se
chargeaient de son instruction et de sa fortune, le
faisaient entrer dans leur famille et l'acceptaient même
comme gendre. C'est un fait notoire, très-fréquent
aujourd'hui encore à Constantinople. On conçoit que
cette aristocratie intellectuelle du Phanar, ainsi ravi-
vée par cette infusion de sang toujours jeune du pro-
létariat, dut, au rebours de ce qui se passe dans les
aristocraties nobiliaires, se fortifier sans cesse en intelligence, en caractère, en beauté, et que leur nombre
s'accrut au lieu de s'amoindrir.

Frappés de la capacité de ce groupe de chrétiens,
les sultans ne tardèrent pas à s'apercevoir du parti
qu'ils en pouvaient tirer pour la consolidation de la
conquête. D'après l'*Histoire politique de Constantinople*, écrite au XVIe siècle, l'ignorance des Turcs était

si profonde que la comptabilité de l'Etat se faisait au
moyen d'entailles sur des morceaux de bois. Aussi
fallut-il bientôt appeler des Grecs au ministère des
finances, qu'ils occupèrent constamment. Il en fut
longtemps de même du ministère des affaires étrangères, les Turcs n'ayant point la connaissance des
langues. Les détracteurs qui n'ont voulu voir dans
les Phanariotes que des γραμματικοί (écrivains), des
drogmans ou des médecins, oublient que la Porte
en fit des ambassadeurs, des conseillers privés, des
ministres et des princes. Les ouvrages dont ils ont
enrichi la littérature grecque moderne, les sciences
physiques, morales et politiques, ajoutent à leurs
titres à la reconnaissance des Romaïoi, cette gloire
pure des lettres que nul du moins ne saurait leur
contester. Les Mavrocordato, les Mano d'Argos, les
Caradjad, les Ypsilanti, les Polichroni, les Papado-
poulo, les Rhigas, les Christopoulo, les Rizo, les
Soutso, les Hantzerli, les Calfoglou (1), et tant d'autres non moins illustres, ont affirmé la nationalité

(1) L'exiguité du cadre de cet examen ne nous permet pas de donner
des notices sur les familles illustres qui ont pris part aux événements
dont nous donnons ici l'analyse. Ces développements trouveront leur place
dans une histoire du Phanar que nous nous proposons de publier. On
trouvera pourtant à la fin de ce volume quelques renseignements historiques sur la famille Ypsilanti.

romaïque par les chefs-d'œuvre dont ils ont doté la littérature grecque moderne.

Les Phanariotes devaient malheureusement rencontrer des obstacles au développement de la pensée nationale dans leur élévation même. Fatiguée des troubles perpétuels des principautés du Danube, la Porte, contrairement aux capitulations qui réunissaient ces provinces à l'empire ottoman, résolut de mettre fin à ces interminables dissensions, en remplaçant les princes indigènes par des princes de sa main, d'une fidélité éprouvée, et professant d'ailleurs la même religion que les Moldo-Valaques, dont les évêques relevaient du saint synode de Constantinople. Comme nous l'avons dit précédemment, la Porte, se plaçant au point de vue religieux et considérant comme *Roums* ou *Romaïoi* tous les sujets de son empire professant la religion orthodoxe, ne crut point froisser l'indigénat des principautés en leur envoyant des hospodars grecs. Son premier choix tomba, en conséquence, sur deux Phanariotes distingués par leurs lumières. Ceux-ci conservèrent précieusement l'autonomie moldo-valaque, et l'assemblée générale, composée, comme par le passé, des boyards et du clergé, continua de jouer vis-à-vis des princes le rôle d'une assemblée législative à l'égard du pouvoir exécutif. Non-seulement les

Moldo-Valaques ne songèrent pas à protester contre cette innovation, mais encore l'une des principautés, la Valachie, décerna le titre de *bon* au premier prince grec, Constantin Mavrocordato, qui signala son administration par l'abolition du servage.

Le privilége accordé à ces lieutenants princiers de porter le même manteau d'honneur que le sultan et de partir de Constantinople escortés d'une fraction de la garde impériale, tourna la tête aux Phanariotes. L'envie, la compétition se glissèrent parmi eux. Le vieux groupe d'élite des Romaïoi fut brisé ou du moins désuni.

Il ne s'agit pas ici de plaider la cause des princes grecs, — la cause n'existe plus; mais il importe à la vérité historique de constater que les Phanariotes perdirent dans l'exercice de l'administration des principautés du Danube cette unité qui faisait leur force. Quant aux Moldo-Valaques, ils ont tort de désigner cette période administrative sous le nom d'époque des Phanariotes. Nous venons de voir que les Phanariotes ne formaient ni une caste, ni une aristocratie nobiliaire, et chacun sait qu'ils ne formèrent point dynastie. Aucun traité ne leur conféra exclusivement l'hospodarat.

Leurs attributions dans les principautés consistaient

à sauvegarder les immunités et priviléges du pays et à s'opposer aux envahissements des seigneurs féodaux des bords du Danube en rébellion contre la Porte. Pour se maintenir, loin de Constantinople, dans un poste aussi envié, ils avaient besoin de s'attirer la bienveillance du pays qu'ils administraient et l'estime des grands de l'empire. Plusieurs y réussirent. Les Mavrocordato, les Ypsilanti, les Ghika et les Mourousi ont laissé un nom justement vénéré dans les principautés. C'est à ce même Constantin Mavrocordato qu'on doit encore en Valachie l'introduction de la culture du maïs. Alexandre Ypsilanti donna à ce même pays un code, premier monument de ses lois écrites. C. Ghika restera cher aux Moldaves pour son énergique protestation contre l'usurpation de la Bukovine par les Autrichiens. Les actes et chrysobules de ces princes, leur correspondance, témoignent de leur zèle et de leur impartialité. La situation des Moldo-Valaques était meilleure avant 1821 qu'aujourd'hui. Aussi n'ont-ils demandé jusqu'à cette époque le retour des princes indigènes. Lorsqu'ils avaient à se plaindre d'un prince grec, ils demandaient à la Porte son remplacement par un autre Phanariote, qu'ils désignaient le plus souvent, appliquant, en quelque sorte, le principe électoral à l'hospodarat.

Les Moldo-Valaques ont raison de demander aujourd'hui au concours européen leur complète indépendance. Ils en sont dignes. Mais faire servir la calomnie à la revendication d'un droit n'est pas un bon
moyen. Un grand nombre de Phanariotes ont choisi
les principautés du Danube pour patrie, à l'époque des princes indigènes. Leur origine phanariote ne leur ôte point leur qualité de citoyens moldo-valaques, de sorte qu'ils subissent la calomnie de
leurs propres compatriotes. Il n'existe plus aujour-
d'hui de Phanariotes. En restât-il un seul encore, et
lui offrît-on à la fois le gouvernement des deux principautés, il se pourrait qu'il le refusât (1).

La représentation de l'empire ottoman à l'étranger, et la haute influence dont ils jouissaient au sérail,
ne fut pas moins fatale aux Phanariotes que l'hospodarat. L'importance de ces hommes, *illustres par*

_____

(1) Démétrius Mourousi a refusé en 1812 l'hospodarat de Servie que
lui offrait la Porte. Plénipotentiaire en 1812 avec Galib-Pacha, et autorisé
par la Porte à obtenir la paix même au prix des principautés danubiennes,
ainsi qu'il appert de ses instructions écrites dans l'original et précieusement conservées par sa famille, il parvint à borner les concessions à la
Russie aux seuls districts de la Bessarabie. Les négociants romaïoi lui
doivent l'introduction du Code de commerce français et l'établissement
des *berattes* ou patentes, qui leur donna les mêmes avantages qu'aux négociants des nations les mieux favorisées. Il a été victime de son dévouement
et de son patriotisme.

leurs malheurs, selon l'expression peu généreuse de Nesselrode, n'échappa point aux puissances. Chacune d'elles chercha un appui dans le Phanar et acheva le morcellement de cette florissante compagnie. L'ombrage qu'elle portait d'ailleurs à ces puissances, lorsqu'elles ne parvenaient pas à la rendre complice de leur politique, accéléra sa ruine. La Russie et la France, en lui enlevant l'hospodarat, consommèrent sa perte. L'annexion des principautés à la Russie fut résolue à l'entrevue d'Erfurth, et l'empereur Napoléon Ier en fit part au corps législatif. La Russie ayant échoué dans ces conjonctures, profita des événements de 1821 pour exalter les Moldo-Valaques dans le sentiment de leur autonomie, et faire exclure les princes phanariotes des principautés.

Qu'il nous soit permis de faire observer en passant, que ce fait s'accorde mal avec les imputations de *philorussisme* dont les Phanariotes ont si souvent été l'objet. Et lorsqu'en 1829, au rétablissement de la paix avec la Russie, la Porte voulut réparer ses injustices de 1821 envers tant d'innocentes et illustres familles, le sultan Mahmoud poussa cette pensée jusqu'à charger son ambassadeur extraordinaire à Pétersbourg, Halil-Pacha, de demander comme une grâce personnelle au czar Nicolas de permettre

que les Phanariotes fussent réinstallés dans l'hospodarat des principautés. Dans cette circonstance encore,
le gouvernement russe refusa. Où donc est ce grand
intérêt que la Russie, dit-on, prenait aux Phanariotes?

Décimés, divisés, dispersés, les Phanariotes passent
en outre pour exilés. Il n'en est rien. Tous ont émi-
gré dans le royaume de Grèce, dès le rétablissement
de la paix. Ils n'ont même pas voulu profiter de l'amnistie générale proclamée par la Porte.

Lorsqu'on réfléchit à ce fait singulier, que la ruine
des Phanariotes est due en grande partie à l'influence
des puissances européennes, on a lieu de s'émerveil-
ler des contradictions de la politique. Etait-ce un
moyen de donner à l'empire ottoman la force nécessaire pour remplir, dans l'équilibre européen, le rôle
qu'on attendait de lui, que d'anéantir cette grande
famille du Phanar, dont elle tirait le plus pur de son
intelligence et de sa richesse? La Turquie elle-même
n'est-elle pas tombée dans une semblable contradiction en se privant de ces lumières, en admettant les
étrangers, les Arméniens eux-mêmes, aux emplois publics, de préférence aux Romaïoi?

Mais c'est trop longtemps s'arrêter à un système
de calomnies dont le principal but est de jeter le plus

de ténèbres, le plus de défaveur possible sur le quatrième point de garantie, afin d'en écarter la discussion de la table des prochaines conférences. Ces instigateurs espèrent en outre, qu'en calomniant les Grecs, ils feront la fortune de cette nuée d'étrangers qui encombrent le palais du sultan, les ambassades, les hôtels des grands de l'empire, pénètrent par leurs femmes jusque dans les harems, et qui, sous les noms de libellistes, journalistes, secrétaires, factotums, colporteurs et entremetteurs, entretiennent entre Turcs et Romaïoi cette méfiance qui fait leur fortune.

Arrivons donc aux faits contemporains, et examinons le rôle de l'Autriche et de la Russie dans ce grand conflit dont le dénoûment tient l'Europe en suspens.

CHAPITRE VII

L'AUTRICHE ET LA RUSSIE. — LEUR ROLE A L'ORIGINE DU
CONFLIT. — MISSION DU PRINCE DE LINSANGE. — MISSION
MENTZIKOFF. — M. DE NESSELRODE ET M. DE LAVALETTE.

L'amitié forcée qui unit l'Autriche à la Russie se
ressent de la disproportion de leurs forces. Les ter-
reurs secrètes de l'Autriche au moindre mouvement
de la grande puissance sa voisine, expliquent le caractère cauteleux de sa diplomatie, ses précautions,
ses perplexités, et le mystère dont elle enveloppe ses
desseins. Ce caractère, tel qu'il est indiqué dans ce
peu de mots, se développe à travers l'histoire diplomatique de ces dernières années.

Dès l'intervention russe en Hongrie, il y avait en-
tente préconçue entre Vienne et Pétersbourg. Le ca-

7

binet de Vienne n'ignorait rien des combinaisons
de la Russie à l'égard des chrétiens de l'empire
ottoman. Il connaissait ce plan de campagne, qui
devait consister à changer le droit d'intervention ami-
cale du gouvernement russe dans les affaires religieuses de ses coréligionaires, en *protectorat*. On sup-
pose même que les deux cabinets s'étaient accordés
sur la marche des négociations préparatoires qui devaient s'ouvrir à Constantinople.

Pour tout dire, un traité secret aurait existé entre
l'Autriche et la Russie. Aux termes de ce traité, l'Autriche devait prendre l'initiative. Par là s'explique
cette parole du czar Nicolas, dans ses conversations
avec lord Seymour : « Les intérêts de l'Autriche, dans
la question d'Orient, sont identiques à ceux de la
Russie. »

Le lecteur tient actuellement le fil qui lui permet-
tra de trouver son chemin à travers ce labyrinthe.

L'Autriche avait son but en secondant les projets
de la Russie en Orient. Elle espérait ainsi détourner
son attention et son activité de la Hongrie, où depuis
l'intervention elle gagnait chaque jour en prépondérance. La conduite humaine et presque chevale-
resque du gouvernement russe à l'égard des vaincus,
la protection dont elle les couvrait contre les persécu-

tions des autorités autrichiennes, lui gagnaient l'esprit des Hongrois. Il faut ajouter que l'affinité religieuse de la Russie avec 6 millions d'orthodoxes répandus dans la Hongrie, le Bannat et la Transylvanie, prenait un caractère menaçant. Le synode orthodoxe de Hongrie était sur le point de reconnaître la suprématie de celui de Saint-Pétersbourg.

A peine échappé au démembrement par la révolte, l'empire d'Autriche allait peut-être le voir s'accomplir par le fait même de la victoire. La Providence lui fit deux fois toucher le fond de l'abîme. A-t-elle compris cette double leçon ?

Avertie à temps, l'Autriche se hâta de déclarer l'indépendance du synode orthodoxe de Hongrie. Elle lui donna pour patriarche le métropolitain même de Carlowitz.

Les projets du czar étaient paralysés. Il supporta le coup d'un front calme. Le général Duhamel, son commissaire impérial à Bucharest, fut chargé par lui de se rendre à Carlowitz. Il vint au nom de son maître féliciter le nouveau patriarche. L'envoyé du czar apportait à cette Eglise, qui se séparait du giron russe, de riches habits sacerdotaux, des ornements d'autel, des décorations pour le métropolitain et les évêques ses suffrageants.

Tant de flegme épouvanta l'Autriche. Elle comprit
qu'en préservant l'un de ses États de l'influence religieuse de la Russie sur les populations les plus super-
stitieuses et les plus belliqueuses de l'empire, elle
avait manifesté trop d'esprit national. Effrayée de sa
propre audace, elle trembla.

C'est alors qu'elle songea, pour conjurer ce nouveau
péril, à offrir au czar, sur le terrain de l'empire ottoman, une compensation capable d'apaiser sa colère. De
là ce dévouement aveugle, ce déploiement de manœuvres diplomatiques pour frayer un chemin à la Russie
dans les affaires religieuses de la Turquie. L'Autriche,
malgré son habileté politique, prouvait ainsi son peu
de dignité et son ignorance complète des rapports vrais
de l'Église russe avec celle de Constantinople.

Voilà pourquoi l'Autriche, voulant complaire à la
Russie, oublia sa qualité de puissance catholique, apos-
tolique et romaine, et refusa de se réunir au cabinet
français dans l'affaire des lieux saints.

La mission du prince de Linange à Constantinople
se rattache à la même tactique. Sous prétexte de vexations exercées sur des populations chrétiennes qui lui
étaient limithrophes, l'Autriche venait demander à la
Porte, par un sened solennel, le protectorat exclusif
des chrétiens de la Bosnie et du Monténégro. Le prince

de Linange préparait les logis au prince de Mentzi-koff. La Russie le comprenait si bien qu'au lieu de secourir ses coréligionnaires du Monténégro dont le Vladika relève du synode de Pétersbourg, elle garda un mutisme et une inertie complets pendant le cours des négociations.

Quant à l'Angleterre et à la France, elles furent dupes de cet imbroglio diplomatique. Allant droit au fait, elles prêtèrent aux réclamations du prince de Linange près de la Porte, l'appui de leur énergique langage.

Les succès de l'Autriche dans les affaires de la Bos-nie et du Monténégro fortifièrent l'empereur Nicolas dans ses projets. La mission du prince Mentzikoff fut résolue. On sait qu'elle ne fut pas heureuse. Le prince Mentzikoff manqua de modération. Il se montra ex-centrique et zélé, magnifique et impérieux. La con-naissance du terrain religieux sur lequel il s'avançait lui manquait absolument. Rien de plus simple pour-tant que le but de cette mission. La Porte avait rendu deux firmans contradictoires dans la question des lieux saints, et le sultan avait adressé à l'empereur Nicolas une lettre autographe de nature à blesser sa suscepti-bilité. Il s'agissait donc d'obtenir une réparation de ce double tort ; réparation pour l'attaque à la dynastie impériale contenue dans la lettre du sultan ; garanties conservatrices pour l'avenir de toute nouvelle atteinte aux intérêts de l'Eglise d'Orient en terre sainte.

L'ambassadeur extraordinaire du czar devait en outre souscrire aux concessions précédemment faites à la France.

Pour arriver à ce résultat, il entrait dans le plan du prince Mentzikoff de mettre en avant la question du protectorat sur les orthodoxes de l'Orient. Il voulait ainsi intimider la Porte et montrer à ces populations infortunées le czar comme le protecteur d'une cause sacrée.

A peine l'ambassadeur russe eut-il débarqué à Constantinople qu'il indisposa le gouvernement français par ses façons excessives. En même temps, Péra, le quartier de l'intrigue où s'entasse l'écume des nations, s'émut. Les aventuriers sentaient venir le moment de pêcher en eau trouble. L'eau fut troublée en effet, et la mission Mentzikoff à Constantinople, comme celle de M. de Lesseps à Rome, était manquée avant d'avoir commencé.

L'ignorance du négociateur russe en matière d'orthodoxie en Orient, son manque total de notions sur la politique des sultans vis-à-vis des raïas, ajoutaient de nouveaux écueils à ceux que nous venons de signaler.

Le prince Mentzikoff s'écarta donc tout d'abord du vrai principe de sa mission. Il marcha de faute en faute, de méprise en méprise, de contradiction en contradiction. On n'a pas oublié son début dans cette carrière. Il demanda la conservation et la consécration des immunités et des priviléges religieux dont les orthodoxes jouissaient, *ab antiquo*, dans l'empire ottoman. Et lorsque peu de jours après il fut question de fixer à une époque quelconque la remise en vigueur de ces immunités et priviléges, ce diplomate dans l'embarras reculait jusqu'au *statu quo*. Le *statu quo* c'était le présent et ses complications, et son trouble profond, et ses iniquités. Il était impossible de se placer dans une plus flagrante contradiction, de mieux confesser le côté faible, inopportun de sa mission. Le prince Mentzikoff aurait pu se demander à lui-même ce qu'il était venu faire à Constantinople.

La Russie pouvait avoir un but, mais pas un système arrêté. La Porte se joua d'elle en lui accordant tout ce qu'elle demandait. Mais le jour où les firmans qui conféraient des priviléges religieux égaux à tout les raïas furent octroyés, le prince Mentzikoff s'aperçut qu'il n'entendait pas bien les intérêts de ses coréligionnaires. Ceux-ci perdaient à cette égalité les droits civils et quasi-politiques dont ils jouissaient. La Porte, oublieuse de ses prétendues idées progressistes, trahissait, par cette facilité à céder aux demandes intempestives du prince Mentzikoff, la volonté obtuse et entêtée de conserver vis-à-vis de ses sujets chrétiens le régime qu'elle exerce depuis quatre siècles.

Pour avoir été trop obéi, le prince Mentzikoff protesta.

Il imagina ensuite, comme moyen de sortir d'affaire, de demander pour les orthodoxes le bénéfice de toute concession accordée par traité direct à une dissidence chrétienne quelconque.

Cette mission souleva bien vite, malgré le dévouement impassible des cabinets de Vienne et de Berlin, une répugnance universelle en Europe.

Il nous reste à parler des lieux saints.

Cette question est purement civile. Jérusalem étant placée sous la domination des sultans, c'est devant la juridiction du gouvernement turc que doivent être portés les différends entre les diverses communautés de la ville sainte à propos de délimitations territoriales. C'est un simple litige de la compétence des tribunaux turcs. La question de culte n'y est pour rien. Sans examiner au fond les prétentions des puissances étrangères à s'ingérer dans ce genre d'affaires, elles nous paraissent, par la seule forme, impossibles à établir.

Les ordonnances de Louis XIV et le traité de Kaïnardjick n'offrent nulle matière à une telle interprétation.
Ils n'impliquent un droit d'intervention pour la France
et pour la Russie qu'en cas de persécutions religieuses
contre leurs coréligionnaires. Le déplacement d'une
lampe ou l'empiétement de quelques pouces de terrain ne peuvent être considérés comme des questions
religieuses, sans la plus notoire dérision et sans déna-
turer le sens des traités.

S'il existait au saint Sépulcre des religieux placés
sous la protection française, les agents consulaires de
la France, d'après les ordonnances de Louis XIV,
pourraient tout au plus, pour des réclamations de
ce genre, assister ces religieux devant les tribunaux
turcs. De nombreux antécédents constatent que ce
genre d'affaires relève du droit privé.

M. de Lavalette n'en jugea pas ainsi. Emporté, lui
aussi, par un zèle exagéré, il fit une affaire diplomatique d'un différend entre des religieux latins et
orthodoxes. Cet oubli ou cette ignorance des anciennes capitulations de la France avec l'empire ottoman
engendra des comités d'enquête, des commissions
mixtes, des tribunaux exceptionnels, des inquisitions
musulmanes, qui tinrent pendant cinq ans l'Europe
en suspens. Qu'en est-il résulté? Rien. Ce fut seule-

ment un prétexte à brochures, une couche où, comme des champignons, poussent en une nuit ces articles vénéneux qui empoisonnent les âmes et font fomenter le levain des vieilles haines entre catholiques latins et orthodoxes.

Voilà par quelle pente naturelle la Russie se trouva entraînée à réglementer violemment son intervention religieuse. De là au protectorat il n'y avait qu'un pas. Or, l'Autriche avait fourni un antécédent au Monténégro et en Bosnie.

Placée entre la France et la Russie, entre deux grandes puissances rivalisant pour une prépondérance religieuse, la Porte agit selon la coutume des faibles. Elle trompa de peur de déplaire. Néanmoins, le ministre des affaires étrangères Fuad-Pacha fut bien coupable envers son souverain en permettant que cette cause dépassât les limites du droit privé.

Mais la faiblesse même des deux firmans contradictoires accordés aux cabinets de Pétersbourg et de Paris impliquait une leçon. MM. de Lavalette et de Nesselrode ne la comprirent pas. Un grand rôle leur était offert sur la scène de l'histoire et de la civilisation. Ils ne surent pas l'accepter. Leur pensée ne s'éleva pas assez haut pour prouver que si la diplomatie avait pu s'égarer sur le terrain religieux, elle s'y montrerait du moins digne de cette parole de Talleyrand qui la nommait la théologie de la politique. Ils ne sentirent pas qu'en ce dix-neuvième siècle, où tant de découvertes qui détruisent les distances semblent inviter les peuples à la communion universelle des sentiments et des intérêts ; ils ne sentirent pas que l'heure était venue d'ouvrir à deux battants les portes du sanctuaire ; de mettre fin à ce scandale qui fait converger au tombeau du Christ tant de querelles religieuses, et qu'il était temps au contraire de faire de ce saint tombeau le point de ralliement de la chrétienté pour l'union œcuménique des fidèles.

Ces mots, que nous inspire le sentiment de l'intérêt général, pourraient ressembler à une banalité en Occident, où les divers cultes, fonctionnant sous l'égide de la loi, rencontrent si peu de causes de froissement. Mais une pensée de cette nature acquiert ici quelque valeur peut-être, si l'on daigne observer que nous appartenons à la catégorie de ces Grecs orthodoxes qui, sans l'appui d'aucune ambassade, se défendirent eux-mêmes en 1808 contre les Arméniens. Ceux-ci étaient alors, on le sait, soutenus à Constantinople par les trésors du tout-puissant Manouck-Bey, qui fut vaincu et dut fuir en Russie avec ses richesses.

Les Grecs orthodoxes se sont longtemps confiés à la

justice de leur cause. Aujourd'hui ils se confient aux sympathies de l'Occident. Si cette sympathie leur fait défaut, que leur reste-t-il, sinon les moyens extrêmes ?

Ceci n'est, bien entendu, ni une récrimination, ni une menace. Elles seraient déplacées dans notre bouche ; elles mentiraient aux sentiments qui nous animent. Mais il est impossible de se dissimuler que la situation des chrétiens de l'empire ottoman est devenue extrêmement grave. Il y a là des intérêts considérables placés dans une condition telle qu'il faut se les assimiler ou s'attendre à les voir prendre une direction contraire. Il est très-clair que ces intérêts peuvent devenir russes, s'ils sont abandonnés de la France et de l'Angleterre. Or, la paix vers laquelle les puissances s'acheminent avec une si noble et si touchante ardeur ne doit pas leur fermer les yeux sur les éventualités de l'avenir.

Il est possible que, dans le désir de mettre fin à ces luttes sanglantes où succombe la fleur des peuples, les délégués des hautes parties contractantes passent légèrement sur ce quatrième point de garantie, qu'un cinquième point, né d'hier, semble effacer aujourd'hui. S'il en était ainsi, ce serait un malheur immense, incalculable, une menace dans l'avenir.

Nous vivons en un temps singulier où tous les grands

conflits, révolutions, guerres ou doctrines, semblent
destinés à un perpétuel avortement; mais que la paix
du moins n'avorte pas! Que l'Europe ne puisse pas être
accusée, faute de bon vouloir, faute de bonne foi, en
ce qui concerne le point véritablement religieux et
politique de la question d'Orient, d'être à la fois inca-
pable de la guerre et de la paix !

Pour nous qui n'avons voix délibérative qu'au congrès des consciences, hâtons-nous de profiter de l'attention publique et de soumettre à son examen les
réflexions que nous inspire le texte du quatrième
point de garantie, tel qu'il fut proposé aux conférences
de Vienne.

CHAPITRE VIII

DIVISIONS ET SUBDIVISIONS DES CHRÉTIENS DE L'EMPIRE OTTO-
MAN. — LE QUATRIÈME POINT DE GARANTIE. — ANALYSE
DU TEXTE PROPOSÉ AUX CONFÉRENCES DE VIENNE.

Les chrétiens soumis au joug turc, et dont les destinées sont remises à la décision des prochaines conférences, portent le nom de *raïas*. Ils sont disséminés
en Europe, en Asie et en Afrique. Leur situation géo-
graphique est importante à étudier, parce qu'elle détermine quelquefois leurs sentiments à l'égard des
puissances étrangères. Si l'on rapproche, par exemple,
les sentiments d'admiration que certaines notabilités
russes éprouvent pour les chrétiens d'Asie, de l'expédition du général Mourawieff, on comprend que l'Ar-
ménie, tout aussi bien que le Bosphore, peut être le
chemin de Constantinople.

Nous livrons ce sujet d'études à la science diplomatique, telle que la comprend lord Palmerston, qui sait
ce que vaut la *puissance d'information*. Il dépasse les
proportions d'une simple brochure.

Les raïas, qu'ils soient ou non de simples tributaires,
jouissent d'institutions autonomiques comme les Moldo-Valaques et les Serbes, et peuvent être ainsi divisés :

1° En *Romaïoi* ou *Roums ;*

2° En Arméniens.

Ces derniers ne sont pas orthodoxes. La raison en
paraîtra étrange. Un *iota* placé dans le mot grec,
omoousios, qui signifie *consubstantiel*, s'écrit chez
les Arméniens *omioousios*, d'où il résulte que, d'après
le dogme arménien, le Christ n'est plus consubstantiel
à Dieu le père, mais fait seulement d'une substance
semblable à la sienne.

Entre Arméniens et orthodoxes, cet iota creuse un
abîme. Au moindre conflit, il constitue une complica-
tion et un danger.

On n'imagine pas la confusion qui règne parmi ces
millions de chrétiens qui, vivant sous la domination
de vainqueurs appartenant à un autre culte, n'ont pas,
comme en France et en Angleterre, trouvé dans le
gouvernement tant d'éléments d'unité. On a une idée
de cette confusion, en voyant, par exemple, les Bur-

gares dire les offices en langue slave, et les chrétiens de l'Asie, notamment ceux de l'Anatolie, chanter la messe en langue *turque*.

Les Arméniens et les Romaïoi se subdivisent de la manière suivante : les Romaïoi forment deux familles :

1° Les *Grecs orthodoxes*, soumis à l'autorité des sept conciles de Constantinople, Nicée, Antioche, etc., de même que les Russes.

Ils habitent le royaume de Grèce, la Thrace, la Thessalie, les îles de l'Archipel, Rhodes, Chypre, les îles Ioniennes, l'Hertzégarine, le Montenegro, la Servie, la Valachie, la Moldavie, tout le littoral de l'Asie-Mineure, et jusque dans l'intérieur de l'Anatolie.

2° Les *Grecs unis*, reconnus du pape, sont déjà liés à Rome par la propagande.

Ils peuplent, en partie, la Bosnie, l'Albanie, la Croatie turque, la Bulgarie, la Syrie.

Les Arméniens se subdivisent :

1° En *catholiques schismatiques* ;

2° En Mekitaristes ;

3° En protestants.

Ils résident à Constantinople et dans l'Asie-Mineure.

Ce peu de mots suffit pour démontrer combien, au point de vue religieux et politique, une telle question eût demandé d'études. On ne parut guère s'en douter

aux conférences de Vienne, et voici à l'aide de quel texte
on espérait régler ces grands et complexes intérêts.

Ce texte stipulait seulement : « qu'aucune puissance
« ne revendiquât le droit d'exercer un protectorat of-
« ficiel sur les sujets de la Sublime-Porte, à quelque rit
« qu'ils appartiennent ; mais que la France , l'Autriche,
« la Grande-Bretagne, la Russie et la Prusse, se prê-
« tassent leur mutuel concours pour obtenir du gou-
« vernement turc la consécration et l'observance des
« priviléges religieux des diverses communautés chré-
« tiennes, et mettre à profit, dans l'intérêt réciproque
« de leurs coréligionnaires, les généreuses intentions
« manifestées par S. M. le sultan, sans qu'il en résul-
« tât aucune atteinte pour la dignité et l'indépendance
« de sa couronne. »

D'après les premières lignes de ce texte : « *qu'au-*
cune puissance ne revendiquât le droit d'exercer un
protectorat officiel sur les sujets de la Sublime-Porte, »
il est évident qu'on n'a pas songé à quel abîme de misères l'adoption d'un semblable principe conduirait ces
infortunés chrétiens si souvent exploités, si continuelle-
ment divisés ? Que deviendront-ils le jour où on les
abandonnera aux sévices des Turcs ? On ne les proté-
gera plus contre les entreprises des propagandes et
contre eux-mêmes.

La protection qu'on leur accorde aujourd'hui, il est vrai, nous paraît bien insuffisante, puisqu'elle ne se rend compte, ni de l'état réel de ces populations chrétiennes, ni de leur pensée, ni de leurs aspirations. Mieux vaut pourtant encore cette protection inintelligente qu'un complet abandon.

L'auteur du projet offert aux délibérations des diplomates réunis à Vienne, ne nous paraît pas mieux inspiré lorsqu'il demande à la France, à l'Autriche, à la Grande-Bretagne, à la Prusse et à la Russie, de se prêter un « *mutuel concours pour obtenir du gouvernement ottoman la consécration et l'observance des priviléges religieux des diverses communautés chrétiennes*, etc. »

Il est permis de mettre en doute la mutualité de ce concours, lorsqu'on réfléchit à la diversité et à l'antagonisme d'intérêts religieux et politiques qui amènent ces diverses puissances sur le terrain de l'empire ottoman. Comment s'accorderont-elles dans leur demande collective au sultan, lorsqu'elles connaissent si mal la situation vraie, les griefs sérieux, les besoins, les dogmes et les vœux de ceux pour qui elles sollicitent? Le mot : « consécration » est-il bien heureux quand il s'agit des choses les plus sacrées de la religion chrétienne, par rapport à des Ottomans?

Quant à « l'observance des priviléges religieux des diverses communautés chrétiennes » qui complète la phrase, nous savons par tout ce qui précède le danger d'une pareille formule. Nous savons le mépris du Turc pour notre culte et pour nos croyances. Nous avons signalé combien chacune des concessions du gouvernement ottoman cachait d'arrière-pensées ; nous avons vu comment la politique de l'Islam prit à tâche d'affaiblir, de déconsidérer, de ridiculiser même l'élément chrétien dans l'empire. Ces variations continuelles dans la destination des chapelles, dans la coiffure des prêtres subissant les formes les plus grotesques, dans le parquage des pèlerins, dans les caprices de l'autorité turque, relativement à la visitation de telle ou telle partie des lieux-saints, toutes ces causes indiquent le péril de ce système de priviléges, maintenu dans le protocole de 1854.

Il faudrait aussi que ce texte fût plus explicite lorsqu'il articule le mot « coréligionnaires. » S'agit-il ici des rayas soustraits par la propagande à la domination ottomane, ou des chrétiens de l'empire abrités sous un pavillon ?

Mais c'est dans la dernière phrase du texte où l'on propose de mettre à profit « *les généreuses intentions manifestées par S. M. le sultan, sans qu'il en résultât aucune atteinte pour la dignité et l'indépendance de la couronne »* que réside le problème qui n'a pas été résolu jadis, et qui va reparaître aux présentes conférences. Si on l'évite encore, il se dressera dans un jour prochain comme un sphinx redoutable devant les diplomaties ignorantes ou traîtres à la cause des opprimés et des vrais principes de droit public proclamés depuis soixante ans par la civilisation européenne (1).

(1) Qu'il nous soit permis de citer ici un fragment qui exprime, sur ce sujet, la pensée d'un des vétérans de la diplomatie européenne, M. de Ficquelmont, à qui on peut reprocher quelque partialité envers la Russie, mais qui n'en a pas moins puisé, dans ses ambassades à Saint-Pétersbourg, des enseignements élevés sur la question qui nous occupe.

« On a trop perdu de vue ces populations auxquelles Dieu a assigné « pour séjour les rives fortunées du Bosphore et de l'Hellespont, les « destinées politiques de ces races, devenues autochthones, à force d'an- « tiquité et de souffrance, des Grecs et des Bulgares, maîtres du pays de « par la loi de Dieu, malgré la domination passagère des Osmanlis, qui « ont campé en Europe, selon l'expression si vraie de Bonald ; ces desti- « nées méritaient cependant une étude plus approfondie à l'époque où « les esprits sont justement préoccupés de l'avenir de ces contrées.

« L'étude que nous ne faisons qu'indiquer aux hommes politiques ré- « vélait une longue perspective de déceptions aux dépens de celui qui « viendrait, du Nord ou de l'Occident, recueillir l'héritage ottoman ! « Des générations d'hommes et des flots d'or seraient absorbés avant « que l'héritier pût réaliser ce legs si brillant en apparence. Quant à « l'espoir d'en jouir en paix, et d'en tirer profit au bout d'un demi- « siècle même, c'est, pour le moins, très-problématique. Nous renvoyons « tout esprit sérieux qui nous accuserait de paradoxe, à la lecture des « documents historiques de l'Orient et de l'Occident, qui se rapportent à « l'époque de l'empire latin de Bysance. Les misères de cet empire n'ont « été sans doute que la juste expiation d'une conquête frauduleuse ; son « existence orageuse et éphémère n'a laissé d'autre trace que cette dé- « fiance traditionnelle des races orientales à l'égard de la domination spi-

Dans notre pensée, ce problème est soluble. Il n'est pas impossible, comme on l'a prétendu, de sauvegarder les intérêts chrétiens et la dignité de la couronne du sultan. Nous croyons même, ainsi que nous le disions au début de cet examen, que les deux côtés du problème se résolvent l'un par l'autre. On le verra, nous l'espérons, dans ces dernières pages.

Les obstacles qui s'opposaient à cette heureuse so-

« rituelle ou temporelle de l'Occident ; défiance qui s'est manifestée, deux
« siècles après, durant la deuxième période si lugubre de la lutte contre
« l'invasion musulmane, dans le refus des Orientaux d'accepter le sym-
« bole de Florence, et l'assistance armée de l'Occident ! L'Orient a pré-
« féré, alors, le martyre à la perte de son indépendance religieuse. De
« nos jours, tous les efforts de la propagande occidentale parmi les po-
« pulations grecques ou slaves soumises au joug ottoman, comme en
« Grèce, malgré la sympathie si légitime des Hellènes pour la France,
« malgré la prostration de l'Eglise de Constantinople, sont condamnés à
« la stérilité et sont considérés comme une persécution plus cruelle encore
« que celle des Turcs.

« La conquête, dans le moyen âge, était armée du droit féodal, et c'est
« moyennant ce droit qu'elle a pu s'établir d'une manière durable par-
« tout ailleurs qu'en Orient. Nous citerons le royaume de Naples, l'An-
« gleterre, la Prusse, etc. Or, la loi féodale qui expropriait les peuples
« conquis au profit du conquérant, les réduisait en servage et abrutissait
« l'espèce humaine ! Cette loi, pratiquée en Orient avec la plus impla-
« cable persévérance par les croisés, ne peut plus être restaurée, et ne
« saurait rien créer.

« Invoquerez-vous la civilisation ?

« Cette civilisation exotique qui dénationalise les peuples, et prétend
« les élever, ou les dégrader, à l'état cosmopolite ? Ce serait mécon-
« naître le caractère des peuples orientaux ! Voyez plutôt les Grecs
« qui vivent, de génération en génération, au milieu de nous, sous nos
« lois, sous l'empire des mêmes éléments qui façonnent le caractère de
« l'individu et de la commune, ils ont conservé tous les traits de leur

lution tombent les uns après les autres. La guerre, le plus grand de tous, puisque, ainsi que nous l'avons dit, la question est plus diplomatique que militaire, la guerre a cessé. Le quatrième point lui-même a bien changé d'aspect. Il ne conserve plus ni la lettre ni le sens primitif de la rédaction de M. Drouyn de l'Huys. Ce n'est plus un quintuple protectorat qu'il s'agit d'im-

« nationalité distincte, à Londres comme à Marseille, à Vienne comme en « Italie. En Orient, qu'est-il resté de la domination séculaire des Véni- « tiens et des Génois, si ce n'est des châteaux démantelés? Ni langues, « ni lois, ni Eglise, ni mœurs publiques ou privées, ni trace aucune d'une « domination occidentale! Non, vous ne façonnerez pas à votre système « gouvernemental l'éducation politique des Grecs, des Bulgares, des « Serviens, des Albanais, des Monténégrins, des Bosniaques! Ces races « fortes, sobres, intelligentes et aventureuses, prolongeront contre vous « la lutte héroïque qu'elles ont su entretenir pendant quatre siècles contre « les Osmanlis et contre un gouvernement armé de moyens d'action bien « autrement puissants que ceux dont vous pouvez disposer! Les Alba- « nais, dont une partie a été entraînée à l'apostasie même, par l'amour « des armes, n'en sont pas moins une pierre d'achoppement pour toutes « les réformes turques; l'Albanais se fait soldat par instinct guerrier; « mais, certes, il n'a jamais accordé la moindre sympathie à la cause du « conquérant; il n'attend qu'un changement dans les destinées politiques « de l'Orient, pour déserter le prophète de la Mecque! L'impossibilité « même de la fusion de ces races, sous l'empire de Byzance comme sous « celui de Stamboul, et leur rivalité réciproque, dans tous les intervalles « de la lutte, contre l'ennemi commun, révèlent une surprenante persé- « vérance dans le caractère particulier à chacune d'elles. Elles ont tra- « versé la domination musulmane sans péril, et elles ont puisé, dans ce « cataclysme même, une vitalité nouvelle qui ne fait que se retremper à « chaque crise politique. Ces races, si obstinées dans la conservation de « leurs nationalités distinctes, offriront un obstacle impérissable à toute « tentative de fusion avec le conquérant, à toute conquête permanente, à « toute solution du problème oriental, en dehors du droit fondé sur la na- « tionalité, sur les épreuves du passé et sur l'espoir légitime de l'avenir... »

poser à la Turquie. Les cinq puissances s'engagent seulement aujourd'hui à intervenir auprès du gouvernement ottoman, afin d'obtenir en faveur des rayas chrétiens tout ce qu'elle jugera compatible avec son indépendance et sa dignité. Les priviléges *ab antiquo* rentrent dans la poussière des archives.

Pour apprécier la mesure des changements qui, depuis le dernier mois de mai, se sont accomplis dans la manière d'envisager le quatrième point au cabinet de Londres, il suffit de se rappeler les instructions de lord Clarendon à lord John Russell. L'étude et l'observation s'y font sentir à chaque parole. Il est aisé de s'apercevoir que, dans l'esprit du diplomate anglais, la question devient moins stratégique que politique, et qu'il importe surtout de pénétrer les sentiments intimes des chrétiens de l'empire ottoman.

« La base qui reste à considérer, dit Sa Seigneurie,
« dans une de ses instructions communiquée au Par-
« lement, est particulièrement de nature à éveiller les
« nations chrétiennes, et présentera, probablement,
« des difficultés plus qu'ordinaires, quand on viendra
« à la discuter et à la régler. L'objet qu'on se propose
« est de concilier et de mettre en harmonie, pour l'ave-
« nir, les passions hostiles et les préjugés de l'isla-
« misme et du christianisme.

« Il est donc presque inutile de faire remarquer que
« les puissances chrétiennes doivent faire acte d'abné-
« gation et de modération dans leur conduite avec la
« Porte, à propos des sujets chrétiens du sultan.

« Si les puissances voulaient chacune, de son côté,
« renoncer à tous les préjugés de secte, en ce qui con-
« cerne les sujets du sultan, et regarder tous les chré-
« tiens, à quelque communion qu'ils appartiennent,
« comme ayant droit aux mêmes exemptions et aux
« mêmes priviléges religieux que le sultan peut con-
« sentir à leur accorder, sur les instances des grandes
« puissances de l'Europe, il semble qu'on doit désirer
« que le sultan puisse, de sa propre volonté, abolir
« toutes les distinctions légales et autres qui existent
« entre ses sujets mahométans et ses sujets chrétiens,
« et communiquer en forme, aux puissances de l'Eu-
« rope, les firmans par lesquels il accomplirait cette
« mesure ! »

La France, enivrée par l'éclat de ses armes, put longtemps croire que l'épée suffisait pour trancher tant de
difficultés ; mais elle a étudié, elle aussi ; les événements l'ont éclairée. La paix qu'elle espérait imposer
par les armes s'est faite par une sorte de modestie
générale, de sens commun unanime, qui a fait que les
chefs des nations, en voyant la fleur de leurs peuples

engagés dans des opérations de chemins de fer, se sont dit que les temps n'étaient pas aux choses héroïques, mais aux choses utilitaires.

Il n'est pas impossible, dans une telle occurrence, et avec cette nécessité générale de la paix, que l'Angleterre et la France, ne se souciant pas plus des propositions du prince de Menschikoff que de la rédaction de M. Drouyn de l'Huys, s'unissent dans une même pensée dans le sens des hautes données formulées par lord Clarendon.

Sans doute, la réalisation d'une pensée aussi équitable, aussi conforme aux principes les plus élevés du droit public occidental, donnerait une vie nouvelle aux populations chrétiennes de l'Orient, rendrait l'existence de l'empire ottoman possible sur le terrain de l'Europe. Mais les paroles de l'honorable lord Clarendon indiquent plutôt le but à poursuivre qu'elles ne définissent les moyens de le réaliser. Il ne suffit pas que les puissances chrétiennes, en abordant, à la table des futures conférences, la question du quatrième point de garantie, dépouillent leurs préjugés de sectes et s'inspirent des sentiments les plus œcuméniques. Est-il bien certain que le sultan trouve dans sa volonté, dans son autorité sur ses sujets ottomans, dans ses bienveillantes dispositions pour ses sujets chrétiens, la force d'accomplir de lui-même, à la simple prière des puissances, une transformation aussi profonde dans les institutions et les mœurs publiques de l'empire? Il est permis d'en douter. Or, comme au fond de cette question gît en réalité la vie possible, l'intégrité possible de cet empire ottoman, devenue indispensable à l'équilibre européen, comme l'Europe entière y est intéressée, la réglementation de cette réforme politique de l'empire ottoman revient de droit au congrès qui va s'assembler à Paris.

Cette réglementation, le sultan l'acceptera par reconnaissance envers les puissances occidentales; il l'acceptera par raison, par esprit de civilisation. Pourquoi le mahométan ne ferait-il pas en faveur du chrétien ce que le chrétien a fait pour lui en Algérie et aux Indes?

En prenant pour point de départ la nécessité si bien sentie par lord Clarendon d'éveiller les sympathies des chrétiens de la Turquie, de se rendre compte de leur état et de leurs aspirations, en ne perdant pas de vue les causes de leurs divisions, les dissolvants qui agissent constamment sur l'empire, les fautes à peu près égales des diverses puissances; — il nous reste à dire sous quels aspects pratiques s'offre, aux yeux de ces mêmes chrétiens, ce plan dont la réglementation nous paraît être le premier devoir du futur congrès.

CHAPITRE IX

IDÉE D'UNE SOLUTION DE LA QUESTION D'ORIENT. — DEUX
SYSTÈMES EN PRÉSENCE. — L'EMPIRE D'ORIENT; PLAN DE
CONFÉDÉRATIONS AUTONOMES.

Dans les deux manières d'envisager la réglementation de ces vastes intérêts, il va sans dire que l'intégrité de l'empire ottoman n'est mise en question par
personne. La première pensée, le premier vœu des
chrétiens de la Turquie, est de voir cette intégrité
garantie par toutes les puissances européennes, sous
le sceptre de la dynastie actuelle, et d'après les lois
existantes sur la succession au trône d'Othman (1).

Sur ce point, tous sont d'accord. La différence dans

(1) On sait qu'il existe à Constantinople, depuis un mois, des conférences pour la réglementation du quatrième point. La composition de ce
comité n'inspire malheureusement pas la confiance dont il aurait besoin.
Excepté Aali-Pacha, grand visir actuel, qui connaît le véritable état des

les opinions des chrétiens ne porte que sur la manière d'interpréter cette intégrité.

L'idée la plus généralement admise en Europe est de placer le territoire ottoman tel qu'il existe sous la garantie des puissances et de stipuler une parfaite égalité de droits religieux, civils et politiques pour tous les sujets du sultan, sans distinction de race, de religion ou de secte.

Les partisans de cette idée, qui paraît avoir des

choses, les autres membres ne sont pas dans les dispositions nécessaires à la solution d'une question aussi délicate : Fuad-Pacha est connu par son antipathie héréditaire contre le nom chrétien; Callimaki n'est là que pour consolider son ambassade à Vienne; lord Redcliffe se borne à demander l'abolition du Caradj, et l'admission des chrétiens comme témoins devant les tribunaux turcs; M. Thouvenel s'est contenté de faire poser des cloches sur les églises; M. Prokesch poursuit les instructions de sa cour relativement aux provinces moldo-valaques et au maintien de son idole septennale. Déjà nous apprenons que les plénipotentiaires turcs, tout en admettant les propositions des puissances occidentales, déclinent la responsabilité, dans le cas où ces propositions ne seraient pas agréées par le Cheik-ul-Islam et le haut clergé. Y a-t-il donc une différence entre la religion d'Orcan, d'Amurat et de Mahomet II, qui épousèrent des chrétiennes en leur conservant leur culte, et la religion actuelle des Turcs? Le divan actuel est plus rigoureux que le Coran qui ne défend pas, que nous sachions, l'admission des chrétiens aux droits politiques. C'est moins, d'ailleurs, ses principes religieux que sa prédilection pour telle ou telle race de l'empire qui dicte sa conduite. Ainsi, la Porte, qui a nommé des pachas moldaves, valaques, a-t-elle jamais conféré le même titre à un Bulgare, à un Thessalien, à un Macédonien, à un Arménien, etc.? Cela est tellement vrai, qu'il a nommé Vogorides prince honoraire de Valachie, et non pacha, parce qu'il est Bulgare. Quant à M. Aristarki, trente années de bons et loyaux services ne lui ont valu aucune espèce de titre.

chances de réalisation, ajoutent qu'il ne pourrait être question de faire participer les chrétiens aux vices du système turc; ils demandent, en conséquence, qu'une complète réorganisation intérieure de l'empire ottoman, que des garanties solides pour la personne, l'honneur et la propriété des citoyens consacrent cette admission de la Turquie au rang des puissances civilisées (2).

Une réforme de cette nature entraînerait inévitablement la résiliation de tous les traités existants entre l'empire ottoman et les puissances européennes; elle nécessiterait la signature de nouveaux traités, basés sur une parfaite réciprocité religieuse, civile et commerciale.

Dans cette hypothèse, le sultan prendrait le titre d'*empereur d'Orient*.

La question des lieux saints ne peut être oubliée dans un semblable remaniement. L'abolition des immunités et des priviléges religieux qui résulterait de l'égalité de droits de toute nature entre les divers sujets du sultan implique, comme conséquence, le libre accès de tous les chrétiens, grecs, latins, protestants, arméniens, cophtes, etc., au tombeau du Fils de Dieu. Des règlements pour l'exercice du culte, les offices respectifs, les concessions de terrain,

(1) Tel est du moins le programme de Mehemet-Ali.

seraient établis de telle sorte que nul conflit ne pût rompre la bonne harmonie de l'ordre légal entre des éléments si divergents.

Telle est, succinctement, l'idée la plus répandue ou du moins celle qui s'offre le plus naturellement à l'esprit. Elle doit sa popularité à ce qu'elle ne demande pas de grands efforts de conception et qu'elle laisse la carte de l'Europe dans ce repos immuable que la puissante et nombreuse école des conservateurs considère comme la meilleure des garanties dans le présent et dans l'avenir.

Mais il existe parmi les chrétiens de l'empire ottoman une opinion qui compte un noyau de partisans non moins considérable par le nombre et les lumières de ceux qui le composent. Ceux-là ne croient pas qu'il faille interpréter dans un sens littéral l'intégrité de la Turquie. L'intégrité ainsi conçue n'offrirait pas, selon eux, à l'Europe les garanties qu'elle est en droit d'exiger. Elles ne seraient peut-être point efficaces à sauver l'empire ottoman de cette politique ou plutôt de cette force de choses qui tend à ingérer les puissances occidentales dans les affaires de la Porte. On se demande si l'égalité de droits suffirait à harmoniser tant de dissidences et si une mesure, applicable quand il ne s'agit que de différences de cultes, l'est encore lorsqu'il s'y joint la différence des nationalités.

Ces mêmes esprits, auxquels il est impossible de refuser une certaine profondeur d'observation et de vues, constatent d'abord que trois grands changements sont survenus dans l'empire ottoman par suite de l'insurrection de 1821 :

1° La constitution du royaume de Grèce, — d'une médiocrité incontestable en politique, mais propre à concentrer les lumières qui vont éclairer le reste de la nation;

2° Le retour de l'autonomie complète en Moldavie et en Valachie par l'installation d'hospadars indigènes.

3° La nécessité où se sont trouvés les Turcs d'entrer dans l'harmonie des civilisations européennes.

A ces faits historiques ils ajoutent diverses considérations politiques tirées de la grande révolution qui éclata en France à la fin du xviiie siècle et changea la face du monde. A l'instar des plus hautes intelligences de l'époque actuelle, ils constatent que des *phénomènes nouveaux* sont nés de cette révolution, et, suivant les armées françaises depuis 1789 jusqu'en 1815, ils prétendent que lorsque la France, conduite par l'empereur Napoléon Ier et personnifiée dans le drapeau tricolore, passait à travers les champs de bataille de la vieille Europe, les nationalités trépassées se levaient de leurs tombeaux! Ils disent que le sang français, semé par toute l'Europe, a ranimé les cendres des héros décédés! qu'une vie nouvelle passait sur les peuples avec la brise de l'Occident!

Or, quoi qu'aient imaginé depuis les diplomaties pour faire rentrer les ressuscités en terre, chaque fois que la France s'est émue, en 1830, en 1848, ils ont brisé le marbre de leur prison et on les a vus debout poussant le cri de ralliement national.

Tout cela n'est-il qu'un rêve? Ou bien existe-t-il véritablement là une grande cause plaidée devant le tribunal de Dieu, une cause juste et sainte qu'il y a de l'aveuglement et de l'impiété à nier, et qui doit, quoi qu'on fasse, triompher un jour?

Ils ajoutent que partout où ont passé les armées françaises, ce grand miracle de la résurrrection s'est accompli; que là seulement où ces troupes citoyennes n'ont pas empreint leurs glorieuses semelles, dans le bas Danube, la mer Noire, Bucharest, Constantinople, les Dardanelles, où n'apparut point Napoléon, les grandes questions politiques n'ont été ni aidées, ni résolues. Le vaincu n'a pas été élevé au niveau du vainqueur.

Mais ces peuples ont vu pourtant ce grand spectacle qui se passait à leurs frontières, et ils ont espéré. Et voilà que maintenant, sous Napoléon III, qui a pour patron et pour inspirateur saint Louis, le roi des croisades, voilà que les armées françaises ont apparu sur la mer Noire, à Constantinople, en Crimée ! En voyant enfin le drapeau tricolore, ces opprimés se sont dit : Notre jour aussi est venu ! Au bruit du canon de l'Alma, d'Inkerman, de Sébastopol, les nationalités grecque et roumaine, comme jadis la Pologne sous les pas de Napoléon, comme hier la Hongrie et l'Italie au réveil de 1848, se sont levées elles aussi de leur cercueil. L'espoir des peuples, quoi qu'on dise, quoi qu'on fasse, est dans les plis du drapeau français. La France ne peut pas lever un bras qu'aussitôt vingt peuples se lèvent, espèrent et attendent !

Ils pensent toutes ces choses et bien d'autres encore trop longues à exprimer ici, mais qui toutes émanent des sentiments les plus nobles, les plus élevés, les plus puissants qu'il soit donné à l'homme de ressentir.

Sans repousser cette égalité de droits religieux, civils et politiques que beaucoup de personnes croient suffisante au bonheur des chrétiens de l'empire ottoman, ils sentent remuer en eux l'âme de la patrie, et aux douloureux regrets qu'ils éprouvent, ils croient comprendre qu'une telle solution serait incomplète. Calculant alors avec une haute portée de déduction que ces lacunes dans les choses de sentiment ont leurs analogies fatales dans les choses de l'ordre public, de la politique et de l'administration des peuples, ils pensent qu'il faut chercher, dans une satisfaction plus large donnée à ces intérêts, l'interprétation de l'intégrité de l'empire ottoman et le but d'équilibre européen que se proposent les hautes parties appelées à contracter, à Paris, un nouveau pacte de paix. Pénétrés de la nécessité d'harmoniser enfin tant d'éléments hétérogènes agglomérés en Turquie, ils n'hésitent pas à proposer de substituer au présent état de choses, en Orient, *trois grandes confédérations autonomes et indépendantes*, et pour la Palestine, Jérusalem et les lieux saints, une république portant le titre de *république sainte ou évangélique*.

Avant d'esquisser en quelques formules les traits principaux de cette ingénieuse conception, il est tout à fait indispensable d'en exposer les motifs. Ils ont pour base :

1° Le principe adopté par l'Europe entière de l'intégrité de la Turquie reconnue nécessaire à l'équilibre général ;

2° La différence de races, de religions, de langues, de mœurs, de législations, qui forment un perpétuel obstacle à cette intégrité.

La Turquie, dans l'état où les circonstances l'ont réduite, risquerait, avant d'avoir réalisé la somme de civilisation nécessaire pour former d'elle-même un Etat compact, de succomber par le fait des éléments disparates qu'elle renferme. L'histoire moderne le prouve.

3° La défense de l'empire ottoman contre les envahissements de ses voisins et les attaques extérieures.

Il est à remarquer que si la Russie est à craindre à cause de sa politique traditionnelle sur l'Orient, l'Autriche et l'Angleterre ne le sont pas moins.

L'Autriche tient sous son sceptre six millions d'orthodoxes. Elle a pris de grands avantages dans les affaires d'Orient. Elle est trop habile pour ne pas les entretenir et les étendre en vue d'éventualités qui se présenteraient peut-être le lendemain même de la signature du traité de paix et malgré l'adoption des cinq garanties. Son dernier concordat avec le pape, le collége orthodoxe qu'elle veut établir à Rome où les adeptes de l'orthodoxie ne reçoivent pas même la sépulture, n'offrent-t-il pas aussi quelque motif de crainte ?

L'Angleterre, redoutable par la force colossale de sa marine, l'est aussi par le principe qu'elle a constamment appliqué à l'emploi de ses forces, témoins Copenhague, Constantinople et le Pirée.

4° En ce qui concerne la Palestine, Jérusalem et les

lieux saints, la nécessité d'abolir jusque dans leurs fondements toutes les immunités et priviléges qui sont entre les diverses communions autant de causes de jalousie; la difficulté qu'un gouvernement monarchique n'accordât pas une préférence marquée à telle ou telle communion, et que le gouvernement ottoman ne se trouvât pas capable non-seulement d'une impartialité suffisante, mais de la vénération qu'on ne saurait exiger d'un musulman pour les choses de la foi chrétienne; ces divers motifs, disons-nous, semblent indiquer la forme républicaine comme le meilleur mode gouvernemental qui puisse être appliqué à cette contrée exceptionnelle.

Tels sont les principaux motifs qui ont donné lieu à cette conception remarquable. La création des trois confédérations aurait pour but de maintenir un terrain constamment infranchissable aux envahissements de voisins ambitieux, puissants et quelquefois placés tout à fait en dehors du droit des gens. Liées par un pacte offensif et défensif, elles seraient en mesure de repousser toute attaque extérieure.

Les trois confédérations seraient désignées sous le nom de *danubienne, hellénique, orientale.*

La *Confédération danubienne* serait composée des principautés moldo-valaques, de la Bulgarie, de la

Servie, de la Croatie turque, de la Bosnie, du Monténégro et de l'Albanie.

La *Confédération hellénique* comprendrait le royaume
de Grèce, l'Epire, la Thessalie, la Thrace et la Macédoine ; les îles de l'archipel, les Sporades, Ténédos,
Mitylène, Chios, Samos, Rhodes, Chypre et Candie.

La *Confédération orientale* embrasserait Constantinople, dotée d'un rayon stratégique laissé à l'apprécia-
tion de la science militaire européenne. Constantinople
aurait pour Etats dépendants toutes les provinces turques de l'Asie et de l'Afrique.

Chacune de ces confédérations, circonscrite dans sa
géographie naturelle, jouirait d'une complète autonomie intérieure. Elle s'efforcerait seulement de rechercher la constitution la plus conforme à l'harmonie des
trois confédérations.

Le pacte fédéral serait indissoluble. Chaque confédération fixerait son chef-lieu, où se réunirait, à des époques déterminées, le congrès des délégués signataires
du pacte fédéral.

S. M. le sultan serait le chef de la *Confédération
orientale*. Il serait invité à se conformer au principe
d'égalité de tous devant la loi, sans distinction de culte.

Le roi Othon, identifié avec la nation grecque, aimé
d'elle et digne de cet attachement par les preuves de

justice, d'habileté, de fermeté de caractère qu'il a données dans de difficiles circonstances, régnerait sur la
Confédération hellénique, vers laquelle il attirerait les
sympathies de l'Allemagne.

La *Confédération danubienne* choisirait un roi parmi
les princes appartenant aux familles régnantes de l'Europe.

Ces trois souverains formeraient une haute cour am-
phyctionienne, qui, par le moyen de délégués, con-
naîtraient des intérêts communs aux trois confédérations, par rapport aux nations étrangères.

Les confédérations adopteraient l'unité de douanes,
de monnaies et de poids et mesures, tout en laissant
distinct le droit privé de chaque confédération.

La langue officielle de chaque confédération serait la
langue nationale ; celle de la haute cour amphyctio-
nienne, le français, devenu en Europe la langue diplomatique.

Un congrès européen serait convoqué pour l'installation des trois confédérations et de la république des
saints lieux, qui prendrait le nom de *République sainte*
ou *évangélique.* Elle serait régie par un sénat mixte et
un président, d'après une constitution adoptée par le
congrès européen, où seraient admis des représentants
de toutes les dissidences. Le libre exercice du culte et

des offices respectifs serait protégé par des règlements.
Sur des terrains qui lui seraient concédés, chaque communion pourrait bâtir une église en mémoire de la Rédemption de Notre-Seigneur Jésus-Christ, un couvent pour ses ecclésiastiques et desservants, une infirmerie pour ses pèlerins.

La ville de Jaffa serait cédée à la *République sainte*, afin d'y établir une garde mixte destinée à protéger la circulation des pèlerins contre les Bédouins et autres brigands.

Les Turcs et les Juifs, naturellement exclus du territoire de la *République sainte*, seraient indemnisés.

Toutes les nations chrétiennes subviendraient aux frais d'installation de cette république.

Une foule d'autres questions subsidiaires, telles que le passage des détroits du Bosphore et des Dardanelles, l'examen et la confirmation des diverses constitutions, le choix du prince chargé de présider aux jeunes destinées de la *Confédération danubienne*, la fixation des répartitions et indemnités dues à la Porte ottomane pour la guerre actuelle, seraient résolues par le congrès européen.

Quoique l'état des négociations soit fort avancé et qu'on ne prêtera peut-être pas attention à cet ensemble d'idées, nous avons cru devoir le produire ici comme l'expression d'une opinion généralement adoptée. La façon brève et désintéressée dont ces idées sont ici présentées prouve que notre intention est moins de les préconiser que de les faire connaître. Il nous semble pourtant de la plus rigoureuse justice de constater qu'elles accusent une profonde connaissance des divergences des populations de la Turquie, de leurs instincts nationaux, de la variété de leurs droits, des mille difficultés religieuses, politiques et territoriales, qui font de la question d'Orient la question la plus complexe que la diplomatie ait jamais eue à résoudre. Ce qui nous saisit tout d'abord, dans cette conception, c'est un cachet de grandeur et de raison qu'on rencontre rarement dans les projets sur la carte que font les gens à imagination. Une telle idée n'est pas sortie de la tête d'un rêveur ; on y sent *l'esprit des affaires*. Pour entrer dans de pareilles vues, il faudrait, sans doute, de la part des puissances qui demain vont se réunir à Paris dans la personne de leurs délégués, un grand bon vouloir, une forte intention de fonder quelque chose de puissant, une absence sérieuse de préoccupations personnelles ultérieures. Mais que ces puissances y songent bien, pourtant ! L'avenir dépend des conditions auxquelles il sera traité de la paix. Si les vieux systèmes, les vieilles passions, les antiques ambitions,

trouvent encore moyen de se placer en dehors de
la lettre des traités, si la muraille qu'on va élever
pour tous et contre tous en Orient n'est pas liée d'un
impénétrable ciment, si ce qu'on va régler au dedans
n'est pas conforme à l'ordre véritable, c'est-à-dire conforme à la justice et aux intérêts légitimes; — vieilles
ambitions, vieux systèmes, vieilles passions et vieux
conflits reparaîtront sur le même terrain, et ramène-
ront par des routes diverses les mêmes causes de
guerres sanglantes, d'emprunts onéreux, de désastres
commerciaux et de coûteuses victoires.

Quant à vous, Grecs infortunés, Romaïoi conquis,
décimés dans la paix et dans la guerre, exécutés et rui-
nés, soupçonnés et calomniés, plastrons de toutes les
politiques menteuses, boucs émissaires immolés en
holocauste tantôt à une diplomatie, tantôt à une autre;
vous tous enfin qui, à travers quatre siècles de calamités inénarrables, courbés sous le joug, baignés dans
le sang de ceux que vous avez aimés, les pieds dans
la poussière de vingt générations d'ancêtres et de vic-
times; vous qui, dans la misère ou l'opulence, dans
les conditions changeantes d'une existence en butte
aux coups du sort le plus capricieux et le plus cruel,
avez conservé dans vos âmes, à côté de la foi orthodoxe, la chère image de la patrie, ayez l'œil ouvert

aux événements ; souvenez-vous de l'unité grecque !
souvenez-vous de vos maux et de vos espérances !
votre avenir, votre présent, sont en jeu à cette heure.
La Providence vous offre en ce moment un dernier
moyen de salut. L'heure écoulée, vos destinées seront accomplies. Portez donc la lumière en Occident.
Quand vous avez vu, au congrès de Constantinople,
des hommes comme Reschid et Vefick éloignés des
conseils, prenez garde ! Soyez partout ; apportez partout le tribut de votre expérience ; mais surtout, invoquez, invoquez ce génie de la France qui vous
sauva il y a trente ans, et qui peut encore aujour-
d'hui étendre sur vous sa grande et noble main ac-
coutumée à protéger les faibles !

Paris, 8 février 1856.

NOTICE

SUR

LA FAMILLE YPSILANTI

NOTICE

LA FAMILLE YPSILANTI

La famille Ypsilanti offre un intérêt historique qu'on est habitué en Europe à rattacher uniquement aux héroïques souvenirs de la guerre de l'indépendance grecque en 1821. Son rôle, ainsi qu'on le verra par cette notice, remonte cependant à une date plus reculée.

La famille Ypsilanti vint à Constantinople au commencement du dix-septième siècle; mais elle avait déjà tenu un rang considérable dans une cour voisine. Un des ancêtres de cette famille, Constantin de Xifilen Ypsilanti, fut grand dignitaire et gendre d'Emmanuel Comnène, empereur de Trébizonde, en 1390.

Parmi ceux qui se distinguèrent à Constantinople sous la domination turque, on cite : Jean Constantin Ypsilanti et ses deux fils, Manuel et Constantin. Le dernier fut grand orateur du saint synode. Tous trois rendirent d'éclatants services à la religion, aux lettres et au commerce. Constantin reçut des Moldo-Valaques les titres honorifiques de Hatman et de Postelnick.

Son fils Jean, qui fut aussi honoré du titre valaque d'aga, épousa Smaragda Mamona. C'est de ce mariage que naquit Alexandre Ypsilanti, l'homme le plus distingué du Phanar. Nommé hospodar de Valachie après la paix de Kaïnardjick, il enrichit cette province d'un code écrit et de règlements judiciaires et ecclésiastiques. On peut le considérer comme le premier législateur de ce pays, livré à de continuelles invasions tartares et dans lequel il ramena l'ordre, la justice et la prospérité.

La fuite en France de ses deux fils, Constantin et Dimitri, motiva, au bout de huit ans, son rappel à Constantinople. Exaltés par leur gouverneur, Français de nation, ces deux jeunes gens avaient furtivement quitté le toit paternel, dans le but d'aller contempler ces civilisations occidentales dont le bruit était venu jusqu'à eux. L'un d'eux mourut à son retour. Quant au père, nommé hospodar de Moldavie, il fut fait prisonnier par les Autrichiens dans la guerre de 1787. Interné pendant trois ans à Brün, il gagna si bien l'amour et la considération des habitants, que son portrait fut placé par la municipalité de cette ville dans le lieu de ses séances.

Cette honorable captivité fut mal interprétée par la Porte. Ne pouvant sévir contre le père, elle jeta en prison son dernier fils, Constantin, et son gendre, Alexandre Mano, grand logothète du saint synode. Leurs biens furent mis sous le séquestre, et après six mois d'une rude captivité, on les élargit sous la caution du prince Alexandre Mavrocordato, à la condition de payer au bout de trois jours deux millions de piastres au Grand Seigneur. Ne pouvant dans un aussi bref délai réunir cette somme exorbitante, ils se préparaient à s'arracher des bras de leur famille, lorsque la voix d'un crieur public, qui arrivait jusqu'à eux, leur apprit la mort subite du sultan Hamid et l'avénement du sultan Selim.

Pendant son séjour en France, Constantin Ypsilanti s'était occupé de sciences physiques, et il avait rapporté à Constantinople, entre autres instruments, une machine électrique. Selim, enfermé dans le harem en sa qualité d'héritier présomptif, fit mander Constantin Ypsilanti et fut si charmé des expériences auxquelles il assista et de la dextérité du jeune savant, qu'il le combla de présents et l'assura de sa protection. Or, les premiers noms que Selim, parvenu au trône, trouva sur les rapports qu'on lui soumit, furent ceux de Constantin Ypsilanti et de son beau-frère Mano. Il les fit tous deux mettre aussitôt en liberté, et nomma, peu de temps après, Constantin drogman de la Porte.

C'est en cette qualité qu'il signa l'acte de la triple alliance

10

lors de la descente de Napoléon I⁰ᵉʳ en Égypte. On verra que
cette pièce remarquable causa plus tard la ruine de la famille Ypsilanti à Constantinople. C'est pendant son drogmanat que Constantin Ypsilanti traduisit pour l'École du
génie, que Selim venait d'établir, l'ouvrage de Vauban sur
les fortifications.

Quant au prince Alexandre Ypsilanti, il ne revint à Constantinople qu'à la paix de Sistow. Fatigué des affaires publiques, il fut pourtant arraché à sa retraite par le sultan
Selim, et nommé pour la troisième fois hospodar, il dut
retourner en Valachie. Durant les loisirs de son gouvernement, il ébaucha un projet de fusion, sur les bases d'une
parfaite égalité, entre les chrétiens raïas et les Turcs. Mais
ce projet mourut avec tant d'autres dans les cartons de Réis-
Effendi. Il se retira enfin dans son palais de Courou-Tceshmé,
sur le Bosphore, ne se doutant pas des vicissitudes qui devaient encore traverser le déclin de sa carrière.

Constantin, son fils, avait pendant ce temps occupé l'hospodarat de Moldavie. Rappelé par la Porte après une brillante administration de deux années, il contribua puissam-
ment au rétablissement de la paix entre la France et la
Turquie.

La Porte, on le voit, ne cessait d'enfreindre les clauses
du traité de Kaïnardjick, qui fixait à sept années la durée
de l'hospodarat. La Russie mit les circonstances à profit pour
renouveler ces dispositions tombées en désuétude. Par suite

des nouvelles conventions, les princes Constantin Ypsilanti et Alexandre Mourousi furent, en 1802, nommés hospodars, le premier en Valachie, le second en Moldavie.

L'Europe retentissait alors du bruit de la victoire d'Austerlitz. Napoléon disposait des destinées du monde. Son triomphe changeait de fond en comble le droit public européen. La Turquie s'empressa de reconnaître le nouvel empire. Halet-Effendi fut envoyé à Paris en qualité d'ambassadeur extraordinaire, ayant pour conseiller d'ambassade le prince Panayiotaki Morousi.

Napoléon, voyant dans cette circonstance un moyen de reprendre ses avantages sur ceux qui s'étaient posés en adversaires de ses projets sur l'Égypte, ne négligea rien pour attacher la Porte à sa politique générale contre l'Angleterre. Il expédia le maréchal Sébastiani, alors simple général de brigade, en ambassade à Constantinople, avec un nombreux état-major. Le maréchal avait pour mission de tout risquer pour amener une rupture entre la Porte et l'Angleterre. Servi par les circonstances, Sébastiani parla en maître. Il se montra à Constantinople ce qu'il fut plus tard en Espagne. « Le général Sébastiani, dit M. Lœve-Weimar, ambré, « brodé, doré, donnait ses audiences à l'Alhambra, dans « la salle dite des ambassadeurs, les jambes croisées, comme « un pacha, sur des cousins de satin rouge. Tous les offi- « ciers du quatrième corps peuvent se souvenir d'avoir assisté « à ce curieux spectacle. » Tel était l'homme qui représen-

tait alors la France auprès de l'empire ottoman. Il fit bien
regretter aux chrétiens d'Orient le maréchal Brune, qui lui
au contraire s'était conduit avec une bienveillance tout à
fait conforme au génie français. En même temps qu'il arrivait à ses fins relativement à la cour de Londres, il desti-
tuait les hospodars de Moldavie et de Valachie, afin de cau-
ser à la Russie des embarras par l'atteinte que ces destitu-
tions portaient à ses traités. La guerre devait suivre de près
ces escarmouches diplomatiques.

Constantin Ypsilanti se trouva donc, sur la demande du
maréchal Sébastiani, encore une fois enlevé à son gouvernement, quatre ans après sa nomination. Retourner à Constantinople, lui qui avait concouru à l'œuvre de la triple alliance, c'était porter sa tête au bourreau. Il émigra en Russie.
La Porte irritée se vengea sur le vieil Alexandre Ypsilanti,
alors octogénaire, et sur son gendre, le grand logothète
Alexandre Mano. On les jeta tous deux dans l'horrible prison de Bostandji-Bachi. Le vieux prince subit d'atroces tor-
tures et eut la tête tranchée. Mano sauva sa vie après quatre
mois de captivité au moyen d'une énorme rançon. Leurs
biens à tous deux furent confisqués. Il y a un horrible
drame que nous laissons dans l'ombre, par ce que Dieu a
trop sévèrement frappé la famille Sébastiani pour que nous
ajoutions un souvenir pénible à tous ceux qui doivent l'ac-
cabler.

Le prince Constantin rentra en 1806 avec les Russes dans

les principautés. En le rétablissant dans son hospodarat de Valachie, la Russie maintenait le principe de septennalité établi par le traité de Kaïnardjick. Il aida, à cette époque, de sa fortune et de son pouvoir l'insurrection de Servie, au temps de Cara-Giorgi, père du prince actuel.

Marié deux fois, Constantin a épousé en premières noces une princesse Callimaki, tante de l'ambassadeur de ce nom près la cour de Vienne. Une fille unique, née de ce premier lit, est mariée à M. Alexandre Negri, conseiller privé en au service de Russie.

De son second mariage, contracté avec Mlle Elisabeth Vacaresco, il est né huit enfants, dont deux filles et six garçons : Alexandre, Démétrius, Georges, Nicolas, Grégoire et Jean. Ce dernier mourut en bas âge à Bucharest.

Constantin Ypsilanti est mort subitement, à Kiew, dans un âge peu avancé, loin de sa patrie qu'il aimait et qu'il avait laborieusement servie.

Parmi ses fils, Alexandre, entré de bonne heure au service de la Russie, parvint dans la guerre de 1812 jusqu'au grade de général. Mais, quelque brillant que fût l'avenir que lui ouvraient à la cour de Pétersbourg ses talents militaires et l'amitié du czar, l'idée de l'indépendance de la Grèce dominait sa vie. On sait comment, appelé par l'hétairie, il sacrifia cet avenir à la cause philhellène. Le cadre d'une simple notice ne permet pas de retracer ici des actes dont les proportions héroïques appartiennent au domaine de l'histoire. On a cherché à ternir ce beau nom en l'associant aux combinaisons russes, mais ce système n'a pu prévaloir contre l'ascendant de la vérité. On ne voit que trop par ce qui précède qu'en luttant contre la Turquie, Alexandre Ypsilanti avait non-seulement une patrie à conquérir, mais encore un aïeul à venger.

Un jeune historien, dont nous n'adoptons pas les conclusions sur l'hétairie, mais qui n'est pas suspect de philo-russisme, M. H. Castille, rend à la mémoire d'Alexandre Ypsilanti l'hommage le plus complet :

« Si l'héroïsme, s'écrie-t-il, peut repousser avec horreur
« comme une pure calomnie l'idée que les combattants de
« Missolonghi avaient pour chef le czar, il n'en est pas
« moins vrai que lui seul profita de la victoire ; *cui pro-*
« *dest.*

« Ah ! sans doute les douze apôtres armés qui partirent
« de la Bessarabie, sous la conduite d'Ypsilanti, pour mettre
« à exécution l'idée sainte des hétairies, n'avaient pas reçu le
« mot d'ordre et les trente deniers de Judas ; mais si l'hé-
« roïsme reste pur, si le nom d'Ypsilanti rayonne d'une
« gloire éternelle, si lord Byron, à Missolonghi, a réhabilité
« à la face de l'Europe les erreurs de sa jeunesse, rien de
« cela ne peut empêcher que le czar n'ait favorisé ces mou-
« vements, pour s'immiscer plus tard dans les affaires de
« l'Occident. » (*Histoire de la seconde république française,* tome IV, chap. IV.)

Pris par les Autrichiens avec ses deux frères, Nicolas et Georges, il passa avec eux deux ans de captivité dans les casemates de Munkatz, en Hongrie. Le régime de cette prison militaire dépassait toute mesure. Les trois frères durent réclamer auprès du gouvernement autrichien. On les transféra en Bohême, dans la forteresse de Théresienstadt, où on leur accorda au moins la permission de respirer deux heures sur les bastions.

Atteint d'une maladie mortelle par suite de cette captivité qui dura sept ans, Alexandre fut conduit à Vienne. A son lit de mort, il sollicita l'intervention bienveillante de l'empereur Nicolas pour la mise en liberté de ses deux frères et leur retour en Russie auprès de leur mère infortunée. Il mourut entouré de ses amis et de ses frères, loin de sa patrie, loin de celle qui lui donna le jour, sur un sol où son grand cœur, ami de la liberté, ne pouvait battre à l'aise.

Georges et Nicolas rentrèrent en Russie pour porter des consolations à leur mère, à qui des épreuves plus cruelles encore étaient réservées : elle devait perdre successivement, et loin de ses bras, ce groupe d'héroïques garçons que Dieu lui avait donné.

Les forteresses de l'Autriche avaient aussi inoculé leur mortel poison dans le sein de Nicolas, qui succomba peu de temps après.

Miné par les privations et les fatigues d'une guerre aussi

opiniâtre que dévastatrice, Démétrius mourut, jeune encore, en laissant un nom immortel, dans cette Grèce dont il fut deux fois le sauveur et l'un des premiers fondateurs de sa régénération. L'histoire moderne a consacré ses pages les plus magnifiques à son héroïsme et à ses vertus civiques.

Les casemates de Munkatz n'avaient pas plus épargné Georges qu'Alexandre et Nicolas. Après un séjour en Grèce, où par de nouveaux bienfaits il gagna l'amour et les sympathies de tous ses compatriotes, ses intérêts personnels l'avaient appelé à Bucharest. Il expira dans cette Valachie, où son père et son grand-père avaient régné. La population montra à ses funérailles que le nom d'Ypsilanti était toujours cher aux Valaques.

Le dernier des fils de Constantin, le prince Grégoire, fut amené en France dès le début de l'insurrection grecque. Il y reçut la forte et brillante instruction des colléges et des cours publics de Paris, et se prépara à suivre les brillantes destinées de sa famille en Grèce. Mais la mort l'enleva bien prématurément à sa patrie et plongea dans un nouveau deuil tous les siens.

L'espoir et les souvenirs de cette race si remarquable et si étrangement éprouvée par la fortune, reposent aujourd'hui sur la tête de son fils, jeune homme de vingt ans.

On voit par cette simple notice à quelles vicissitudes est en proie la politique de l'Orient, et combien s'y fait sentir le besoin de cet ordre profond des sociétés occidentales, où les individus et les fortunes, abrités sous la protection de la loi, n'ont point à souffrir de la faiblesse des passions ou des caprices des gouvernants.

ERRATUM.

Page 96, dans la note ligne 4, au lieu de : « Ses instructions écrites dans l'original et préciensement conservées par sa famille, etc., » lisez : « Ses instructions écrites dont l'original est précieusement conservé par sa famille, etc. »

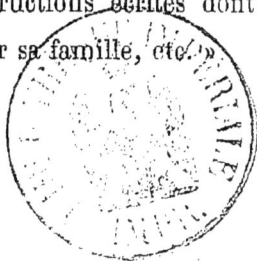

TABLE DES MATIÈRES

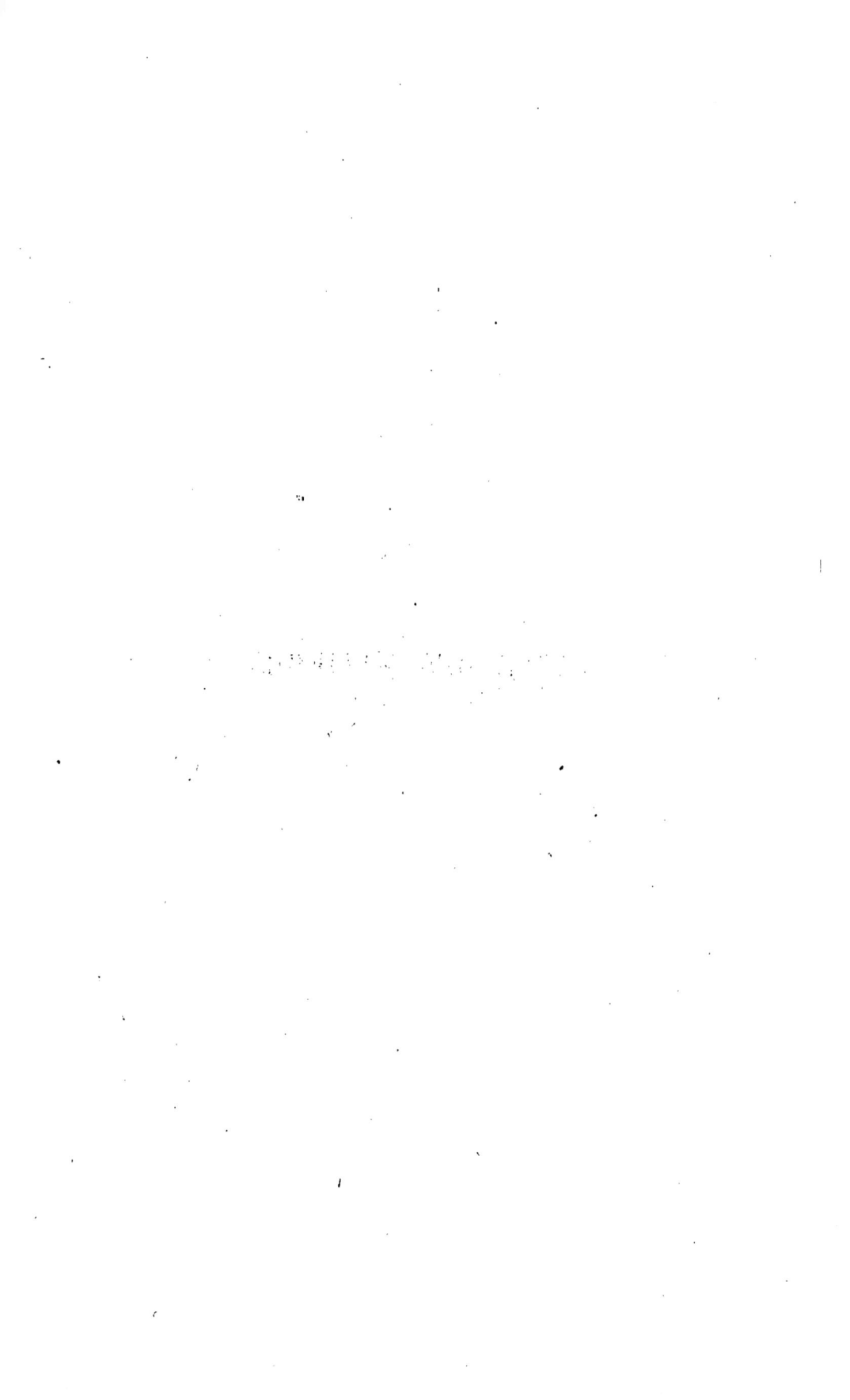

TABLE DES MATIÈRES

CHAPITRE IX.

.

www.ingramcontent.com/pod-product-compliance
Lightning Source LLC
Chambersburg PA
CBHW052056090426
42739CB00010B/2198